职业教育产教融合新形态精品教材

通识商务营销

主　编　李金保　黄志华　陈燕菲
副主编　马明兵　陈　悦　欧阳帅　余　虹

北京理工大学出版社
BEIJING INSTITUTE OF TECHNOLOGY PRESS

版权专有　侵权必究

图书在版编目（CIP）数据

通识商务营销 / 李金保，黄志华，陈燕菲主编. -- 北京：北京理工大学出版社，2023.12
ISBN 978-7-5763-3301-5

Ⅰ.①通… Ⅱ.①李… ②黄… ③陈… Ⅲ.①市场营销学 Ⅳ.①F713.50

中国国家版本馆CIP数据核字（2024）第015751号

责任编辑：李慧智　　文案编辑：李慧智
责任校对：王雅静　　责任印制：施胜娟

出版发行 / 北京理工大学出版社有限责任公司
社　　址 / 北京市丰台区四合庄路6号
邮　　编 / 100070
电　　话 / （010）68914026（教材售后服务热线）
　　　　　（010）68944437（课件资源服务热线）
网　　址 / http://www.bitpress.com.cn

版 印 次 / 2023年12月第1版第1次印刷
印　　刷 / 三河市龙大印装有限公司
开　　本 / 787 mm×1092 mm　1/16
印　　张 / 12.75
字　　数 / 296千字
定　　价 / 39.00元

图书出现印装质量问题，请拨打售后服务热线，负责调换

续表

序号	姓名	单位、职称或职务	编审内容
5	余虹	广东省农垦湛江技工学校讲师	项目三、项目五的编写
	陈悦	湛江农垦局（集团公司）副局长（副总经理）、高级政工师	
6	陈燕菲	广东省农工商职业技术学校 高级讲师	项目一的编写
	黄志华	广东省农工商职业技术学校 校长、高级讲师	
7	陈燕菲	广东省农工商职业技术学校 高级讲师	项目二的编写
	马明兵	广东农工商职业技术学院副教授	
8	陈燕菲	广东省农工商职业技术学校 高级讲师	项目四的编写
	黄诚萍	广东省农工商职业技术学校讲师	
9	李秋娣	广东省农工商职业技术学校讲师	项目六的编写
	王君	广东省农工商职业技术学校讲师	

  在本书的编写过程中，我们整合了多年的自用教学资料，参阅了大量的文献案例资料，我们已尽可能在教材中相应位置和参考文献中列出。教材中难免因疏漏没有列出文献出处或因网络引用出处不详的情况，在此表示深深的歉意。由于时间紧、任务重，编者水平有限，教材中疏漏之处，真诚欢迎广大读者批评指正，并提出宝贵意见。

目　录

项目一　营销的理论研究 ··· 001

任务一　营销研究的几个基本问题 ··· 003
一、构成市场的三要素 ··· 004
二、市场营销的含义及相关概念 ··· 005
三、市场营销组合 ··· 009

任务二　营销观念的研究 ··· 012
一、营销观念的演变 ··· 012
二、现代市场营销的观念 ··· 016
三、营销新理念 ··· 018

项目二　消费者行为与营销 ··· 025

任务一　消费者市场与购买行为 ··· 027
一、走进消费者市场 ··· 027
二、区分消费者购买行为类型 ··· 030
三、认识消费者购买行为模式 ··· 033

任务二　消费者购买行为分析 ··· 035
一、分析影响消费者购买行为的主要因素 ··· 036
二、判断消费者购买决策过程 ··· 040

任务三　数字化消费行为的兴起 ··· 044
一、互联网促进了消费升级 ··· 045
二、虚拟现实技术、人工智能带来全新的消费体验 ··· 048
三、App为消费者提供了便捷的消费工具 ··· 049
四、移动支付让支付更加轻松快捷 ··· 050

项目三　市场调研与分析 ··· 056

任务一　市场营销环境分析 ··· 058
一、了解市场营销环境 ··· 058
二、分析市场宏观营销环境 ··· 060
三、分析市场微观营销环境 ··· 064

任务二　市场调研的实施 ··· 067
一、市场调研初始 ··· 068

任务三　目标市场确定 ································· 078
　　　　一、SWOT 分析法 ································· 078
　　　　二、市场细分 ····································· 081
　　　　三、目标市场战略 ································· 086

项目四　营销沟通与技巧 ································· 095

　　任务一　沟通的含义与类型 ································· 097
　　　　一、沟通的含义与特征 ································· 098
　　　　二、沟通的类型与要素 ································· 100
　　　　三、沟通的主要障碍 ································· 104
　　　　四、沟通能力的培养 ································· 107

　　任务二　与客户沟通的技巧 ································· 110
　　　　一、建立并维护客户关系 ································· 111
　　　　二、向客户介绍产品 ································· 115
　　　　三、正确处理客户投诉 ································· 117

　　任务三　沟通礼仪要求 ································· 119
　　　　一、沟通的仪表礼仪 ································· 120
　　　　二、沟通的基本礼仪 ································· 123
　　　　三、涉外沟通礼仪 ································· 130

项目五　内容营销 ································· 136

　　任务一　软文营销 ································· 138
　　　　一、软文营销基础认知 ································· 139
　　　　二、软文营销策划 ································· 141
　　　　三、新闻软文写作 ································· 145

　　任务二　短视频营销 ································· 148
　　　　一、短视频基础认知 ································· 148
　　　　二、策划短视频营销 ································· 149
　　　　三、网络短视频创作与编辑 ································· 152

　　任务三　直播营销 ································· 155
　　　　一、直播营销基础认知 ································· 156
　　　　二、直播营销策划 ································· 157
　　　　三、设计直播内容 ································· 159
　　　　四、进行粉丝维护 ································· 159

项目六　社会化媒体营销 ································· 165

　　任务一　微博营销 ································· 167

一、认识微博营销 ··· 167
二、微博营销运营 ··· 169
任务二 微信营销 ··· 173
一、认识微信营销 ··· 174
二、微信营销运营 ··· 176
任务三 社群营销 ··· 182
一、认识社群营销 ··· 183
二、社群营销运营 ··· 185

参考文献 ·· 192

项目一
营销的理论研究

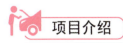 **项目介绍**

市场是企业经营管理的出发点和归宿点,是企业一切管理活动的依据。尽管管理思想层出不穷,管理方式千变万化,但都有一条不变的原则:所有成功的企业管理都是依据市场情况决定管理的原则、方式和方法。企业对市场的认识和把握,不能凭经营者的直观感觉,而需要一套完整的理论和方法进行理性分析,以求更为精准地掌握市场脉搏,了解消费者的真实需求。因此,要想做出成功的、正确的营销决策,必须认真学习和探讨市场营销。

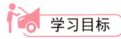 **学习目标**

知识目标
➢ 弄清市场的含义以及与市场营销相关的核心概念;
➢ 了解相应的市场营销组合;
➢ 了解市场营销观念的演进,分析不同市场营销观念的主要特点,把握现代营销观念的要点。

能力目标
➢ 能够根据企业行为分析判断其使用的营销观念;
➢ 能够运用现代市场营销思想分析企业市场营销活动,解决实际营销问题。

素质目标
➢ 具有团队合作精神和协作能力,小组能够合理分工并完成任务;
➢ 具有良好的交流沟通能力,能够有效表达观点并制作汇报PPT;
➢ 具有良好的信息收集能力和学习能力,能够运用正确的方法和技巧掌握新知识、新技能;
➢ 具有独立思考和创新能力,能够掌握相关知识点并完成项目任务。

学习计划

	任务内容	营销研究的几个基本问题	营销观念的研究
课前预习	预习时间		
	预习结果	1. 难易程度 ○偏易（即读即懂）　　○适中（需要思考） ○偏难（需查资料）　　○难（不明白） 2. 问题总结	
课后复习	复习时间		
	复习结果	1. 掌握程度 ○了解　　○熟悉　　○掌握　　○精通 2. 疑点、难点归纳	

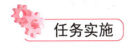

任务一 营销研究的几个基本问题

任何企业都只有两个功能,而且仅仅是两个功能:营销和创新。

比亚迪——新能源霸主的进阶之路

在近几年的世界汽车行业中,谁也无法忽视比亚迪这个中国品牌:新能源车销量持续领先;从产品研发到营销传播,持续创新,惊喜不断;从"治染到治堵",新能源整体解决方案惠及全球。然而,曾几何时,比亚迪只不过是一家小小的电池生产商,如今却破茧而出成为行业领跑者。回顾其发展历史,从OEM(代工、贴牌)到ODM(原始设计制造商)再到OBM(原始品牌制造商),比亚迪在各阶段都战略明确、业务突出、步步稳妥。可以说,对升级与创新的极致追求,正是比亚迪不断蜕变的内生动力。

技术创新、产品创新和品牌创新是比亚迪不断超越、实现卓越的三大重要支点。"技术为王、创新为本"是比亚迪最核心的发展理念。现如今,企业已投入巨资成立材料研发中心中央研究院、汽车工程研究院以及电力科学研究院,在新材料、汽车、新能源等多领域积累了丰富的自主开发经验;同时,凭借独特的垂直整合模式,比亚迪成功打造了具有国际水平的技术创新平台,在IT、汽车等多领域不断推出领先世界的创新科技,成为行业中当之无愧的"技术实力派"。

有了强大的研发实力作为支撑,比亚迪一直在产品上推陈出新。在IT产业,依托垂直整合的经营模式,比亚迪将产品成本控制在同行的80%左右的水平,开发周期也缩短到欧美企业的1/3,PMH技术(塑料与金属一体化成型技术)、SBID技术(高能量束诱导沉积技术)等保持行业领先,形成了成本、效率和技术上的比较优势,在产品不断丰富的同时,更具备产品设计、制造、测试、装配及售后等"一站式"服务能力。在新能源产业领域,比亚迪有"四大绿色梦想",即通过太阳能电站、储能电站、电动车和轨道交通,推广新型清洁能源,助力可持续发展。凭借产品的持续升级,比亚迪始终引领着行业向前发展,也培养着人们更健康、更环保的消费方式,而产品的生命力也展示着比亚迪勇往直前的企业精神,助推企业的良性发展。

伴随着技术和产品实力的不断提升,比亚迪在品牌营销上也持续地推陈出新。在品牌视觉设计上,2021年伊始,比亚迪发布品牌全新标识,继续以"龙脸"为设计基准,整体的时尚感和质感大有提高;在品牌推广上,比亚迪邀请联合国"和平大使"、奥斯卡奖得主莱昂纳多·迪卡普里奥代言比亚迪新能源汽车，同时，运用多种新媒体广泛宣传比亚迪在新能源事业上的取得的辉煌成绩。在品牌忠诚的培育上，比亚迪从一开始就培养了一批"迪粉"，他们既是比亚迪销量的重要贡献者，也是比亚迪公关的支持力量，甚至是比亚迪产品研发和改进的设计师、体验官等，可谓把忠诚用户用到了极致。这一系列品牌营销的创新，一步步提高了品牌的知名度、美誉度和忠诚度，推动比亚迪完成华丽的品牌升级。

身处互联网时代，比亚迪也十分重视用户的需求。面对客户的特殊需求，比亚迪"因客制宜"，提供从方案设计到定制生产的一站式ODM服务；在汽车销售上也创新地提出"零元购车、零成本、零排放"模式，采用融资性租赁、经营性租赁和买方信贷等方式，为顾客提供多样化的购车方案；同时，比亚迪还大胆尝试"反客为主"的粉丝创造模式，让粉丝直接参与产品的设计讨论、新品的测试体验甚至经营管理的活动，把权力交给市场，交给顾客，真正打造大众需要的产品和品牌。

【案例分析】

伴随着"互联网+"时代的到来，各行各业的商业模式都被颠覆。新的行业格局在快速形成，传统行业与互联网相互融合的程度持续加深。在这种背景下，比亚迪主动求变，积极拥抱互联网革新商业模式，从而在众多实力品牌中拨得头筹。

一、构成市场的三要素

市场是营销活动的出发点和最终的归宿，企业所有的经营活动可以说都是围绕市场展开的。

市场是一个古老而又现代的概念，它是社会分工和商品交换的产物。随着商品经济的发展，人们对市场的认识也在不断变化。人们习惯上认为市场是在一定时间和地点进行商品交换的场所，经济学则认为市场是商品交换关系或供求关系的总和。

市场营销是站在卖方的角度去分析市场。站在经营者的角度来看，人们常常把卖方称为行业，而将买方称为市场。市场是指需求的一方，如果说某种产品没有市场，实际上就是指消费者对这种产品没有需求。营销学因此将市场定义为：市场是指某种商品现实购买者和潜在购买者需求的总和。而构成需求，必须要有购买欲望和购买力。因此，对于一切既定的商品来说，市场包含了三个要素，即有某种需要的人、满足这种需要的购买力和购买欲望。

还可以用公式来表示市场：

$$市场 = 人口 + 购买力 + 购买欲望$$

从上面的公式看，市场的形成首先要有人口，因为人是构成市场的主体，但仅有人口还不能形成市场，还必须使人们有钱去买，即要有购买力，同时还必须有购买的欲望，这样才会有需求，才能形成市场。也就是说，市场的三个要素是相互影响和相互制约的统一体，缺少任何一个要素，都不能形成一个现实的市场，只有三者结合起来才能构成现实的市场，才能决定市场的规模和容量。

当然，当市场的三个要素不具备的时候，将这个市场视为潜在的市场，此时的需求状态为潜在需求状态。现代市场营销学认为，企业不仅要关注和满足现实需求，而且还要去发现和挖掘潜在需求；既要看到现实的购买者是市场，又要认识到潜在的购买者也是市场，因为，他们可以通过企业的作用转化为现实的购买者。对市场营销而言，如何发掘消费者的潜在需求是一项既充满挑战又极富激情的工作,市场营销的一项重要工作是努力开发消费者的潜在需求,为企业赢得更多的市场机会和财富空间。

营销分析

共享单车　绿色出行

作为和共享经济一起兴起的共享单车在中国迅速走红,几乎一夜之间,如雨后春笋一般,越来越多共享单车的身影开始出现在一些城市人流量比较密集的商圈、写字楼、地铁口附近。共享单车之所以发展如此迅速,是因为短距离出行是绝对的刚需。特别是日渐拥挤的大城市和上下班高峰期,公交、地铁、出租车、私家车都无法圆满解决"最后一公里"的问题。由共享单车公司投放车辆,用户只需打开手机 App 就能查看附近的车辆,看到有合适的还可以提前预约。不用停车桩,不用办卡,二维码扫一扫就能开锁,不用的时候停在指定非机动车停车区域即可,收费少,用车成本低到可以忽略,简单方便易用。同时,共享单车的应运而生,也契合了当下提倡绿色出行的社会共识,完美解决了城市"最后一公里"的困扰。

分析:

(1) 共享单车的主要目标用户群体是哪些?解决了他们什么方面的需求?

(2) 从形成市场的要素来分析,这个需求的市场是否足够大?

二、市场营销的含义及相关概念

在市场经济竞争日益激烈的今天,市场已由卖方市场向买方市场转变,由于数字经济、互联网带来的巨大变化,每个企业都将营销工作放在了首要的位置,可以说企业的生命在于营销,营销是企业取得成功的关键。

在当下这个充满机遇和竞争的时代,对企业而言,进行有效的营销活动,能够不断满足消费者的需求,提高企业的经济效益,提高市场占有率和企业的市场竞争力。现实生活中许多人仅仅把市场营销理解为推销(Selling)。其实,推销只是市场营销多重功能中的一项,并且通常还不是最重要的一项功能。正如美国著名管理学家彼得·德鲁克所言:"可以设想,某些推销工作总是需要的,然而,营销的目的就是要使推销成为多余,从而使产品或服务完全适合顾客需要而形成产品自我销售;理想的营销会产生一个已经准备来购买的顾客群体,剩下的事情就是如何便于顾客得到这些产品或服务。"

(一) 市场营销的含义

企业需要营销,以满足消费者的需要;学校需要营销,以满足广大学生的需要;医院需要营销,以满足其患者的健康需要;政治家需要营销,以满足人民的需要;我们自己也需要营销,以满足与人有效交往的需要。

市场营销自产生以来,营销学家们从不同角度对市场营销进行了界定,营销学之父菲利普·科特勒教授对营销的定义是:市场营销是个人和集体通过创造并同他人交换产品和价值以满足需求和欲望的一种社会和管理过程。

从这个定义中可以清楚地认识到,有效的市场营销包括以下三方面:

第一,营销的最终目标是满足个人和集体的需求和欲望。

第二,交换是市场营销的核心。交换过程是一个主动、积极寻找机会,满足双方需求和欲望的社会和管理过程。

第三,营销过程能否顺利进行,取决于营销者创造产品和价值满足顾客需求的程度以及对交换过程管理的水平。

数字和社交媒体迅速发展变化,不断影响着人们的生活方式和购物方式,企业与顾客的关系也发生了前所未有的变化。以上定义从商业的角度来分析,我们可将市场营销理解为一个创造和获取顾客关系的过程,即:企业为顾客创造价值并且建立稳固关系,进而从顾客那里获得利益回报的过程。这种价值创造与稳固的顾客关系可以带来反复购买和顾客满意,最终为企业带来回报。例如,沃尔玛"省钱,生活更美好"的承诺,使之成为世界上最大的零售商,也是世界上最大的公司;脸书(Facebook)"在生活中与人们联系与分享",吸引了超过10亿多的活跃网络和移动用户;海尔"真诚到永远"的服务承诺,迅速培养了用户信任,与用户建立了紧密关系;亚马逊"为顾客痴迷",取得了辉煌的成功。因此,优秀的企业总是通过承诺卓越的价值吸引新顾客,并通过创造满意来留住和发展顾客。

(二) 市场营销的相关概念

1. 需要、欲望与需求

人类的需要和欲望是市场营销考虑问题的出发点和基础。需要是指人们没有得到某些基本满足的感受状态,是人类与生俱来的本性。当人们有了某种需要后,内心会产生紧张,并试图通过某种方式消除这种紧张感。人们在生活中需要空气、食品、衣服、住所、安全、感情以及其他一些东西,市场营销不能创造这种需要,只能适应它。

> **想一想**
> 有人说:"哪里有顾客的需求,哪里就有企业的营销机会。"这句话对吗?

欲望是指人们想得到某些基本需要的具体满足物的愿望。欲望会随着社会条件的变化而变化。一个人需要食品，想要得到一个面包或享用一顿大餐；需要被人尊重，想要得到一辆豪华小汽车或谋到一份好的工作。这说明欲望是可以用满足需要的具体实物来描述的，是明确表达需要的指向物。营销者的任务是开发并提供适当的产品，不但要能满足人们的需要，更要能与他们的欲望相一致。

需求是指人们有支付能力购买和愿意购买某种产品的欲望。简言之，需求是有购买力的欲望。人们会在购买力水平的约束下，选择能够最大限度满足他们欲望的产品或服务。

因此，需求的形成必须符合两个条件：一是愿意购买；二是能够购买。也就是说，当人有购买能力时，欲望就转化为需求。因此，企业不仅要预测有多少人喜欢自己的产品，更重要的是要了解有多少人愿意而且能够购买自己的产品。

市场上存在着八种不同形态的需求：

（1）负需求。负需求是指市场上不欢迎这种产品，甚至宁愿付出一定代价来躲避该产品。针对这种情况，企业应采取转换性市场化营销，淘汰这种产品，转产其他产品。

（2）无需求。无需求是指由于时间或空间上的原因所造成的暂时性的没有需求。一是由于消费者对产品缺乏认识而造成的暂时无需求；二是由于货不对路而造成的假性无需求。对此，企业应分析原因，或是采取刺激性营销策略，通过广告宣传帮助消费者了解产品，促进销售；或是采取转移目标市场的策略，寻找新的目标市场。

（3）下降需求。下降需求是指产品销量下降，需求逐渐减少的情况。对此，企业可设法开拓市场，延长产品的市场生命周期，对产品赋予新的活力；如果不行，则采取转换性营销，以新产品取代老产品。

（4）不规则需求。不规则需求是指供需之间的不均衡状态。对此，企业应采取同步性营销策略。一方面，要有合理的储备，以保证旺季的销售；另一方面，可采取调整季节差价等方式促进淡季的销售。

（5）充分的需求。充分的需求是指市场需求与企业的预期目标相一致的状态，这是最理想的需求形态。对此，企业应采取维持性营销策略。

（6）过度的需求。过度的需求是指需求过大而造成供不应求的状态。对于这种状态，要进行具体分析：若是由于产需脱节而造成的供不应求，就应扩大生产以保证供应；若是由于不正常的需求而造成供应的暂时性短缺，则应寻找暂时或永久地减少需求的办法，如提价、减少促销或服务等，设法控制需求的增长。

（7）有害需求。有害需求是指有损于消费者身心健康的产品的需求。对此，应采取反营销策略，宣传其危害性，提价、限制甚至杜绝这种产品的经营。

（8）潜在需求。潜在需求是指潜在购买者对现实产品的需求，或是人们对尚未问世的产品的期望。对此，企业应采取发展性营销策略。一方面，通过改进营销手段，以分期付款等方式促进消费者购买；另一方面，不断开发新产品，以满足消费者不断发展的潜在需求。

2. 产品、价值与满意

产品是指提供给市场，用于满足人们某种欲望和需要的任何事物，包括有形产品与无形产品。有形产品如电视、汽车、服装、手机、房屋等。无形产品如服务、事件、体验、权证、信息、创意等。市场营销就是要提供产品实体以及所包含的利益和服务，让消费者的需要得到更大的满足。价值是消费者付出与消费者所得之间的比率。一般来说，消费者在获得利益的同时也需要承担成本，它是指消费者对产品所能满足各种需要的能力的评价，而不是产品本身价值的大小，对不同的人，以及处在不同场合、不同时间的同一个人来讲，同一个产品带来的满足程度是不一样的。

满意就是顾客通过对某商品可感知的效果与他的价值期望相比较后所形成的愉悦或失望的感觉状态。如果效果超过期望，顾客就会高度满意；如果效果与期望相等，顾客也会基本满意；但如果效果低于期望，顾客就会不满意。

消费者在消费产品或服务的过程中，如果所感知的效用超过了事前的预期后感到满意，才会有第二次、第三次的重复购买发生；如果每次都能令消费者满意，那么，就有可能为企业争取到一位长期忠诚顾客，其意义通常比争取到一位新顾客更为重要。这就要求企业处理好企业利润与消费者满意之间的关系。

3. 交换、交易与关系

需要和欲望只是市场营销活动的开始，只有通过交换，营销活动才真正发生。交换是市场营销活动的核心。交换是指从他人处取得所需之物，而以自己的某种东西作为回报的行为。

交换不仅是一种现象，更是一种过程，只有当交换双方克服了各种交换障碍，达成了交换协议，才能称其为形成了"交易"。仅从某一次交换活动而言，市场营销就是为了实现同交换对象之间的交易，这是营销的直接目的。例如，支付 4 800 元从数码购物商场购买一台计算机，就是一次交易过程。

营销核心概念中的关系强调充分利用现有的各种资源及有效的方法和手段，使企业与其利益相关者如顾客、分销商、供应商等建立长期的、彼此信任的、互利的合作伙伴关系，其中最主要的是企业与顾客之间的关系，市场营销者希望通过持续传递卓越的顾客价值来建立牢固的顾客关系。

营销分析

华为的营销之道

华为技术有限公司，成立于1987年，总部位于广东省深圳市龙岗区。华为是全球领先的信息与通信技术（ICT）解决方案供应商，专注于ICT领域，坚持稳健经营、持续创新、开放合作，在电信运营商、企业、终端和云计算等领域构筑了端到端的解决方案优势，为运营商客户、企业客户和消费者提供有竞争力的ICT解决方案、产品和服务，并致力于实现未来信息社会、构建更美好的全联接世界。2013年，华为首超全球第一大电信设备商爱立信，排名《财富》世界500强第315位。华为的产品和解决方案已经应用于全球170多个国家，服务全球运营商50强中的45家及全球1/3的人口。

在过去的30多年时间里，华为从无到有、从中国本土到世界500强、从民营企业到年产过千亿美元的国际化品牌，其营销理念、模式、策略及手段等已成为许多企业学习的标杆。华为从最初只有6个人的团队做到今天数十万员工的企业规模，凭借的不仅仅是技术，更是其独到的营销体系建设与营销管理方法。

华为的成功其实是市场的成功。华为创始人任正非曾说："市场就是公司的龙头。公司要运营，龙头必须舞起来。"华为早期的能力基础很薄弱，客户对华为的评价是：华为有一流的市场能力,三流的产品。任总也自嘲说:"华为的产品不是最好的。那又怎么样呢?我能让客户选我而不选你,就是我的核心竞争力。"

那么,华为的营销究竟强在哪里呢?

华为营销的强大之处在于,整个公司搭建了一个"以客户为中心"的有机整体,构造了一个可复制、能持续、有效率的营销战略系统,牵一发而动全身。这也是我们管理当中追求的,构建一个不依赖于个体的管理体系,用确定的管理规则来驾驭未来不确定的市场。

华为在好几个不同的行业都取得了辉煌的业绩,其营销的核心思想就是饱和攻击。顾名思义,饱和攻击就是尽量提高强度,加大投入,直至成功。华为利用饱和攻击的案例非常多,从电信设备到手机,比比皆是,比如,华为会用上万人的团队去参与相机技术的研发,这是国内任何一家企业都无法做到的。

分析:

华为是如何搭建自己的营销系统,又是如何统一作战能力,运用饱和攻击开拓市场的呢?

三、市场营销组合

市场营销组合,就是在以消费者需求为中心的思想指导下,综合运用企业可以控制的营销手段,对其实行最优化组合,以取得最佳的市场营销效果。

(一)营销 4P 理论

市场营销组合可以控制的营销手段包括四方面内容,即产品(product)、价格(price)、渠道(place)、促销(promotion),简称"4P"。

营销组合的综合运用常常被称为"4P"策略或"4P's"策略(四因素的有机组合),即市场营销组合策略。4P 理论包括:

1. 产品策略

市场营销学研究产品策略,是从市场经营的角度出发,研究企业应如何根据消费者的需要,做出正确的生产和经营决策,使产品适销对路。产品决策的内容主要包括制订产品组合及发展计划、开发研制新产品、产品生命周期的经营策略,以及确定产品的品牌、包装策略等。

2. 价格策略

价格策略主要是研究企业定价的策略和方法。产品的定价问题是市场经营活动中的重要问题。特别是在市场经济条件下,定价是否恰当,直接关系到企业经营的成败。市场营销学的研究则为企业提供了定价的理论依据,以及在不同条件下所应采取的定价目标、定价策略和方法。

3. 渠道策略

渠道策略主要是研究产品生产出来以后，应该通过什么渠道，经过哪些商业环节，采用什么运输方式，走哪条路线。渠道选择的正确与否，对于商品流通时间的长短，市场费用的高低，商品价格的高低，销售能否扩大，都有直接影响。它是关系到提高商品流通经济效益的重要问题。市场营销学根据商品流通规律的客观要求，具体研究不同商品在不同情况下所应选择的流通渠道，以实现迅速地把商品送达消费者手里的目的。

4. 促销策略

促销策略主要是研究产品扩大销售的途径、策略和方法，包括如何利用媒体沟通，如何保持原有的市场和开辟新市场，如何搞好产品的售后服务，如何培养训练推销人员，如何开展公共关系宣传和营业推广等。

（二）营销 4C 理论

4C 理论强调客户是企业一切经营活动的核心，要开发产品，但更要注重满足客户的欲望和需求。4C 理论包括：

1. 消费者（consumer）的需要和欲望

强调客户到底需要什么样的产品，企业不要卖自己能制造的产品与服务，而是要卖客户想要买的产品与服务。

2. 成本（cost）

了解客户要满足其欲望所需付出的成本，强调客户所能接受的价格减去合理利润才应该是企业生产某产品的成本。

3. 便利（convenience）

考虑客户购买的"方便性"，强调如何最大限度地便于客户购买产品和接受服务。

4. 沟通（communication）

强调企业与客户之间的沟通，培养与客户的感情，追求企业与客户的共同利益。

（三）营销 4R 理论

营销 4R 理论以关系营销为核心，阐述了在新的市场环境下全新的营销要素，包括：

1. 与客户建立关联（relevancy）

要提高客户的忠诚度，赢得长期而稳定的市场。

2. 提高市场反应速度（reactivity）

如何站在客户的角度及时地倾听客户的希望和要求并及时答复和迅速做出反应，满足客户的需求。

3. 关系（relations）营销越来越重要

与客户建立长期而稳固的关系，从交易变成责任，从管理营销组合变成管理和客户的互动关系。

4. 回报（return）是营销的源泉

对企业来说，市场营销的真正价值在于其为企业带来短期或长期的收入、利润、知名度、美誉度的能力。

 营销分析

宜家品牌魅力塑造

宜家是创立于1943年的一家瑞典家居用品企业,现已经成为全球最大的家居用品零售商之一。宜家的经营理念是"提供种类繁多、美观实用、老百姓买得起的家居用品"。其产品系列广泛,共有10 000多种产品供顾客选择,从植物和客厅家居用品到玩具和厨房用品,你可以从中找到布置你的家所需要的一切。

宜家的经营理念决定了它在追求产品美观实用的基础上要保持低价格,低价格是其经营目标、商业理念的基石。

宜家在渠道的选择上是独立在世界各地开设卖场,专卖公司自行设计生产的产品,直接面向顾客,控制产品的终端销售渠道。它在全球共有180多家连锁店,分布在40多个国家和地区。

在促销中,宜家总是提醒顾客多看一眼标签:在标签上您会看到购买指南、保养方法、价格;其《商场指南》里写着:请放心,您有14天的时间可以考虑是否退换。14天以内,如果您对已购货物不满意,还可以到店办理更换等值货物或退款手续。宜家促销中最为人所津津乐道的特点还有DIY,所有家具都需要顾客自行组装,顾客可以根据说明书轻松地把家具组装起来。目录展示是商家促销策略的重要组成部分,大大促进了产品的销售。每年9月初,公司都要向广大顾客免费派送制作精美的目录。另外,宜家卖场展示富于技巧,在展示区中,有一个个分隔开来的展示单元,分别展示了在不同功能区中如何搭配不同家具的独特效果。其家居风格完美再现了大自然——充满了阳光和清新气息,同时又朴实无华。所有的一切,形成了宜家无可替代的品牌魅力。

分析:

(1) 结合所学内容,分析宜家的营销组合策略。

(2) 和传统家居用品的销售相比较,宜家的品牌魅力体现在哪些细节上?

任务二 营销观念的研究

思路决定出路，观念决定行为。

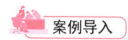 案例导入

海底捞特色经营理念

海底捞成立于1994年，是一家以经营川味火锅为主、融各地火锅特色为一体的大型跨省直营餐饮品牌火锅店，全称是四川海底捞餐饮股份有限公司，总部在四川简阳，且在北京、上海、郑州、西安、南京、天津、杭州、简阳等城市开有连锁门店。该品牌自创立以来，始终奉行"服务至上，顾客至上"的理念，以贴心、周到、优质的服务，赢得了纷至沓来的顾客和社会的广泛赞誉。

公司在张勇董事长确立的服务差异化战略指导下，始终秉承"服务至上、顾客至上"的理念，以创新为核心，改变传统的标准化、单一化的服务，提倡个性化的特色服务，将用心服务作为基本经营理念，致力于为顾客提供"贴心、温心、舒心"的服务。在管理上，倡导双手改变命运的价值观，实施人性化和亲情化的管理模式。在"四型八态"文化定位中，定位于情感型文化。其主要措施有：

(1) 选拔培育有感恩之心的人。
(2) 员工自主性的激发。
(3) 追求顾客和员工满意度，而不是利润。
(4) 弱化冷硬的制度流程，强化内部沟通和创新。

海底捞作为屈居于小肥羊之下的第二大火锅品牌，在市场上占据很大份额，公司发展至今，已成为海内外著名的品牌企业，在未来，仍需要不断创新来面对竞争与挑战。

【案例分析】

所谓"好吃的火锅会说话"。作为一个餐饮品牌，好的产品本身就是最好且最有说服力的广告。而海底捞也始终秉承"服务至上、顾客至上"的理念，改变标准化、单一化的传统服务，提倡个性化的特色服务，致力于为顾客提供愉悦的服务体验。

一、营销观念的演变

企业的营销观念是不断发生变化的，深刻地影响着企业或个人的营销实践。营销观念的变化反映着市场营销管理的变迁。近百余年来，随着企业营销活动的产生和发展，市场营销观念经历了一个漫长的演变过程，概括来说，共经历了以下五种观念。

（一）生产观念

生产观念是一种传统又古老的经营观念，它是在卖方市场条件下形成的。生产观念认为，顾客喜欢那些可以随处买得到而且价格低廉的产品，企业应致力于扩大生产，增加产量，降低成本以扩展市场。显然，生产观念是一种重生产、轻营销的经营思想。它的核心是企业希望通过规模经济实现低成本和低价格的目标。

（二）产品观念

产品观念认为，顾客最喜欢高质量、多功能和具有某种特色的产品，企业应致力于生产高附加值产品，并不断加以改进。这种观念产生于市场产品供不应求的"卖方市场"形势下，这是一种与生产观念类似的经营思想。生产观念强调的是"以量取胜"，产品观念则是强调"以质取胜"。产品观念本质上还是企业生产什么就销售什么，但比生产观念多了一层竞争的色彩，考虑到了顾客对产品质量、性能、特色方面的愿望。最容易滋生产品观念的场合，莫过于当企业发明一项新产品时，此时企业最容易患"市场营销近视症"，即过多地把注意力放在产品上，而不是放在市场需求上，在市场营销管理中缺乏远见，只看到自己的产品质量好，看不到市场需求的变化，致使企业经营陷入困境。生产观念和产品观念的共同特点是：重生产、轻营销，把市场看作是生产过程的终点；从生产者角度出发，忽视了市场需求的多样性和动态性。

> **想一想**
>
> 我国有"酒香不怕巷子深""一招鲜，吃遍天"的谚语，这些谚语是哪种营销观念的生动写照？在今天的市场条件下能否适用？为什么？

（三）推销观念

推销观念是被许多企业所采用的另一种观念。这种观念认为，顾客通常表现出一种购买惰性或抗衡心理，如果顺其自然，顾客一般不会主动购买某一企业的产品，因此，企业必须积极推销和大力促销，以刺激顾客大量购买本企业产品。

由于推销观念只是着眼于现有产品的推销，至于顾客是否满意、今后还会不会重复购买则没有给予足够的重视，因而本质上依然是生产什么销售什么，基本上仍然没有脱离"以产定销"的范畴，是只重视眼前利益的短期行为。

以上三种观念从本质上讲，在经营思想上都是以企业为中心，我们将其称为传统的营销观念。

> **想一想**
>
> 有人说："营销的目的就是要使推销成为多余，或变成并不是十分重要的活动。"这句话对吗？

（四）市场营销观念

市场营销观念是一种全然不同于上述经营观念的现代经营思想，是作为对上述诸观念的挑战而出现的一种新的企业经营思想。其基本内容是：企业要以顾客的需要和欲望为导向，实现企业各项目标的关键在于正确确定目标市场的需求，以整体营销手段来提升顾客的满意度，从而实现企业的目标。营销专家曾对推销观念和市场营销观念进行过深刻的比较，指出推销观念注重卖方需要；市场营销观念则注重买方需要。推销观念以卖方需要为出发点，考虑如何把产品变成现金；而市场营销观念则考虑如何通过制造、传送产品以及与最终顾客有关的所有事物，来满足顾客的需要。

在市场营销观念下，企业的主要目标不是单纯地追求销售量的短期增长，而是着眼于长久占领市场，从而实现了从"以产定销"向"以销定产"的重大转变。流行的口号是"顾客至上""哪里有顾客的需要，哪里就有我们的营销机会"。在市场营销观念的指导下，企业的经营活动应建立在市场调查预测的基础之上，企业的首要任务是确定目标市场的需求与价值，以顾客需求来指导和检查企业的经营方向和经营策略。

（五）社会市场营销观念

社会市场营销观念是对市场营销观念的重要补充和延伸。其基本内容是：企业不仅要满足顾客的需要与欲望，而且要符合顾客和社会的长远利益，应将企业利润、顾客需要、社会利益三方面协调统一。社会营销观念出现于20世纪70年代。在西方，它的提出一方面是基于对"在环境恶化、爆炸性人口增长、全球性通货膨胀和忽视社会服务的时代，单纯的市场营销观念是否合适"的认识；另一方面是基于对广泛兴起的以保护消费者利益为宗旨的消费者运动的反思。有人认为单纯的营销观念忽视了顾客需求的满足与长远的社会利益之间的矛盾，导致产品过早陈旧，大量浪费物资，环境污染更加严重。在这种情况下，社会营销观念应运而生，并得到迅速的发展。鉴于市场营销观念回避了顾客需要、顾客利益和长期社会福利之间隐含着冲突的现实，社会市场营销观念要求市场营销者在制定市场营销政策时要统筹兼顾三方面利益，即企业利润、顾客需要的满足和社会利益。

素质提升小课堂

做有社会责任感的企业

企业的社会责任感是指企业对待社会的一种责任和态度。企业承担社会责任的方式包括对社会做出有偿或无偿的贡献。

"天下兴亡，匹夫有责。"这句话讲的就是每个人都应该对国家和社会有一种责任感。一个人作为社会的一员，所有的行为都要对社会和国家负责，这是做人最起码的准则。所以，一个人不仅要对自己负责，还要对家庭负责，对工作负责，对企业负责，对社会负责；企业也要对社会负责，从而形成企业的社会责任感。

除了创造收益外，企业还应该服务社会、创造文化、提供就业机会、把高质量的产品或服务以最低的价格提供给消费者。这些都是企业应该树立的目标，也可以说是企业的使命。仔细研究那些世界知名企业，我们会发现，任何一家企业都不是以营利为自己的最高使命，它们大多以服务社会、造福人类、改变生活之类的崇高使命作为企业文化的核心。

责任感并不仅仅是企业的事情,最终都要落实到每个员工身上。使命感是员工前进的永恒动力。工作不仅仅是一种谋生的工具,即使是一份非常普通的工作,也是社会运转所不能缺少的一环。

市场营销观念和社会市场营销观念主要是以顾客利益为中心,兼顾社会利益,我们称之为现代营销观念,它与传统营销观念有着质的区别,如表1-1所示。

表1-1 传统营销观念与现代营销观念的区别

营销观念	出发点	中心	方法和途径	目的
传统营销观念	企业	现有产品	增加生产或加强推销	通过产品生产或销售以获取利润
现代营销观念	市场	顾客需求	整合营销	从顾客或社会利益满足中获取利润

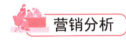

营销分析

海尔的营销观念

创立于1984年的海尔集团,经过三十多年的持续发展,现已成为享誉海内外的大型国际化企业集团。

在1984—1991年,海尔集团只做冰箱一种产品,其最初的观念是产品质量过硬,从大铁锤砸冰箱事件中可以看出,海尔集团在质量上下足了功夫,这是因为顾客都愿意花较多的钱购买质量好的产品。海尔建立了"零缺陷"质量标准,海尔的这个成功案例使海尔的名字牢牢烙在消费者的心里,这即是产品观念。1988年,全国电冰箱评比中,"琴岛-利勃海尔"在全国100多家冰箱厂中以总分第一的成绩获得金牌。1989年,全国各冰箱厂纷纷出现产品积压,降价促销,大打价格战。海尔却独自宣布价格上涨12%,树立了优质优价的良好形象和美誉。

此后,海尔推出的小小灵童洗衣机、大地瓜洗衣机都是细分目标市场后,调整营销策略,推出的符合市场需要的产品,"顾客第一"的观念得到充分证明。海尔集团党委书记、董事局主席、首席执行官张瑞敏经常告诫员工:"只有淡季的思想,没有淡季的市场。"

随着全球环境保护意识的增强,顾客越来越注重环保,海尔顺应这种趋势,积极开发绿色家电,不断推出环保产品,如无氟冰箱、节电冰箱等。新经济时代,对顾客个性化需求的满足决定企业收益。为了创出一个国际化的品牌,2000年海尔依托海尔网站,整合物流、商流、资金流成立了电子商务公司,产品上实现了量身定做。顾客可以在网上要求定做自己喜欢、要求的标准、样式,符合世界发展趋势,这也为海尔带来巨大的商机,同时,海尔集团把国外市场作为其发展方向,积极开发国际市场。2022年,海尔集团全球营业额达3 506亿元,在全球设立10+N开放式创新体系、33个工业园、133个制造中心。

分析：

（1）从本案例可以看到海尔营销观念的演变。请问，海尔营销观念的演变历程是怎样的？

（2）请谈谈你对"只有淡季的思想，没有淡季的市场"这句话的理解。

二、现代市场营销的观念

市场营销观念是一种以顾客需求为中心的企业经营理念。它的内涵分别包括目标市场、顾客需求、整合营销和盈利性四个方面。

（一）目标市场

由于资源的有限性，没有任何一个企业能完全占领每一个市场，满足每一项需求，甚至在一个较大的市场上也没有哪一个企业能做得十全十美，因此，企业在开展市场营销活动时，首先必须寻找适合自身能力和特点的目标市场，企业的生存和发展正是满足目标市场的结果。目标市场的特征情况决定了企业进行营销活动的方案，也在一定程度上决定了企业营销的成功与否。

（二）顾客需求

现代市场营销强调将顾客价值最大化，为顾客创造价值并建立顾客关系，实现和赢得顾客满意，作为评价企业营销管理绩效的唯一标准和追求目标。一是强调目标市场顾客需求、顾客价值、顾客利益为营销管理的出发点和最终目的，在实现目标市场顾客价值最大化的基础上，实现企业持续健康的发展。二是强调市场竞争导向，为目标市场顾客提供比竞争对手更大的价值和更好的服务。企业可以确定其目标市场，却未必能真正理解其顾客需求。满足顾客需求包括下面三个方面的内容：满足顾客的整体需求，满足顾客不断变化的需求，满足不同顾客的不同需求。

(三) 整合营销

要满足顾客的需求，仅仅依靠营销部门的努力是远远不够的，还需要企业上下齐心协力。整合营销强调企业要赢得顾客满意和持续的竞争优势，必须实现其他利益相关者的价值和利益，包括员工、股东、供应商、经销商、银行、新闻媒体、社区和政府等，通过建立长期互惠互利、共存共荣的关系，赢得良好的公众形象和社会口碑，为企业持续而健康发展奠定坚实的社会根基。整合营销要求企业在进行营销活动时必须注意以下两个方面：协调企业内部各职能部门之间的关系，发挥营销组合的合力作用。

(四) 盈利性

营销的目的在于帮助企业实现对利润最大化的目标追求，既能满足顾客的需求，又能让企业赚钱。因此，营销者应分析不同市场机会的可能获利大小，并在此基础上确定所需产品的具体特征。现代营销观念区别于传统营销观念的重要一点，就是在顾客满意的基础上，运用整合营销手段，实现长期的、稳定的利润目标。

营销分析

扬起风帆再行船

甲公司是经营啤酒的中外合资企业，具有较先进的生产设备和设施，拥有较强的技术力量和素质较高的职工队伍，制定了严格的生产管理和质量控制措施。公司管理者认为：我们的产品按纯正的原生产风味配方，别具特色，质量过硬，消费者会喜欢我们的产品。我们不会轻易地改变产品的配方。我们组织外销机构和内销队伍分别负责出口产品和国内产品的销售，推销人员定期与老客户联系，争取取得订单，收回货款。为了保证利润，我们按成本价一定比例的利润来计算价格。我们是合资企业，而且质量控制严，因此成本比较高，我们不会随意降价。我们不需要吹嘘自己的产品，产品质量本身就是最好的宣传。

乙公司是啤酒行业中的后起之秀，由于底子较薄，基础较差，设备、厂房、技术力量都相对落后。管理者决定首先以当地市场作为目标市场，按本地区消费者的习惯和口味进行配方，尽可能地降低成本，以低廉的价格占领本地市场，使该公司啤酒畅销于本地的各副食商店，各大、中、小餐馆。同时，针对一部分有能力的消费者，将价格昂贵的"生啤"送到高级宾馆、娱乐场所，赚取高额利润。在此基础上，市场调研部门组织社会力量，调查研究各地市场的偏好，计划向外地扩张，逐步扩大经营范围；推广部门借助各种媒体积极宣传企业的业绩，使企业不断发展社大。

分析：

(1) 甲公司和乙公司的营销观念是否相同？

(2) 针对各自的营销观念谈谈甲公司和乙公司的发展前景是否相同，说明原因。

三、营销新理念

随着企业经营实践进一步的发展和市场环境条件进一步的变化，企业的营销观念也在适应新的市场环境和经营实践的过程中不断地得到充实和完善。其中有几个重要的营销新理念是值得重点关注的。

（一）绿色营销

所谓绿色营销，是指企业以环境保护观念作为其经营哲学思想，谋求消费者利益、企业利益与环境利益的协调，既要充分满足客户的需求，实现企业利润目标，也要充分注意自然生态平衡。绿色营销要求企业在开展市场营销活动的同时，努力消除和减少生产经营对生态环境的破坏和影响。绿色营销的实质是强调企业在进行市场营销活动时，要努力把经济效益与环境效益结合起来，树立绿色营销观念，制定绿色营销战略，开发绿色资源，研制绿色产品，创立绿色品牌，鼓励绿色消费等，尽量保持人与环境的和谐，不断改善人类的生存环境。

（二）整合营销

当企业所有部门为服务于客户利益而共同工作时，其结果就是整合营销。整合营销是指企业必须调动其所有的资源，并有效地协调各部门的努力来提高对客户的服务水平和满足程度。当满足客户的需要成为企业全部经营活动的中心之后，企业内部资源的协调配置就成为提高企业经营效益的重要问题。因此，企业越来越需要加强内部的组织和协调，以提高营销资源的利用效率。整合营销强调两个方面：一是企业的各部门必须围绕企业总体的营销目标加强彼此的协调；二是企业各部门的人员都必须为客户利益考虑，树立全员营销的思想。

（三）关系营销

关系营销就是企业与客户、分销商、经销商、供应商等建立、保持并加强关系，通过互利交换及共同履行诺言，使有关各方实现各自的目的。企业与客户之间的长期关系是关系营销的核心。关系营销强调企业的营销活动不仅是为了实现与客户之间的某种交易，而且是为了建立起对双方都有利的长期稳定的关系。精明的市场营销者总是试图与其客户、分销商、经销商、供应商等建立起长期的互信互利关系。这就需要以公平的价格、优质的产品、良好的服务与对方交易，同时，双方的成员之间还需加强经济、技术及社会等各方面的联系与交往。双方越是增进相互信任和了解，便越有利于互相帮助。

（四）服务营销

服务不仅是一种活动，而且是一个过程，还是某种结果。例如，计算机的维修服务，既包括维修人员检查和修理计算机的活动和过程，又包括这一活动和过程的结果——顾客得到完全或部分恢复正常的计算机。服务营销的核心理念是客户满意和客户忠诚，通过取得客户的满意和忠诚来促进交换，最终实现营销绩效的改进和企业的长期成长。

（五）网络营销

网络营销是以互联网为基础，利用数字化的信息和网络媒体的交互性在网上开展的一系列营销活动，包括网上市场调查、网上购物、网上促销、网上支付、网上经营策略的实施等网络营销活动。互联网超越了时空限制，和客户沟通具有互动双向沟通的特性，让网络成为一个十分有效的营销工具。企业可以据此制定科学的产品或服务决策，选择既符合客户需要，又适合于网络营销的产品或服务。网络营销可以覆盖很大的目标市场，且网上销售费用低，企业与客户可以在网上根据季节、市场行情、竞争者价格变化等理性地协商定价。网上虚拟商店具有无存货、全天候服务和无国界和区域界线的特点。另外，采用网上广告、建立网上公共关系，可以树立良好的企业形象。

（六）文化营销

简单地说，文化营销就是利用文化力进行营销，是指企业营销人员及相关人员在企业核心价值观念的影响下所形成的营销理念，以及所塑造出的营销形象，两者在具体的市场运作过程中所形成的一种营销活动。

在产品的深处包含着一种隐性的东西——文化。企业向顾客推销的不仅仅是单一的产品，产品在满足顾客物质需求的同时，还满足顾客精神上的需求，给顾客以文化上的享受，满足他们高品位的消费。这就要求企业转变营销方式，进行文化营销。

素质提升小课堂　坚定文化自信，做中华优秀传统文化的传承者

全面建设社会主义现代化国家，必须坚持中国特色社会主义文化发展道路，增强文化自信，围绕举旗帜、聚民心、育新人、兴文化、展形象建设社会主义文化强国，发展面向现代化、面向世界、面向未来的，民族的、科学的、大众的社会主义文化，激发全民族文化创新创造活力，增强实现中华民族伟大复兴的精神力量。

 **营销分析**

疫情之下,数字经济显活力

2020年,正值春节期间,新冠疫情突袭而至,中国采取了严格的防控措施,尽量减少人员流动和聚集。在严格的防控下,数字经济正成为保障中国社会运转的重要支撑。

疫情发生以来,很多市民基本都待在家中。他们通过网购,购买生鲜水果、日用品等保证正常生活,不少网友则把手机游戏和追剧作为日常消遣,学生们则通过网络学习平台学习相关课程。数据显示,2012—2018年,中国数字经济规模从11.2万亿元增长到31.3万亿元,占GDP比重从20.8%扩大到34.8%,总量居世界第二。此次疫情发生后,数字经济的作用与价值更加凸显。

疫情发生期间,中国各大电商平台借助供应链优势,调配销售物资,为保障特殊时期的市场供应发挥了积极作用。根据某电商平台统计,春节假期以来,粮油、方便速食、调味品等民生商品需求增长明显。蔬菜产品销量同比增长超9倍,肉、禽、蛋销售同比增长近7.5倍,水饺、面点等冷藏冷冻食品销售同比增长超7倍。与此同时,视频、直播、在线游戏、在线教育等产业流量大增,促进了"宅经济"发展。很多电商企业集体发起战"疫"助农,拯救滞销农产品行动,为农产品提供供应链资源专项补贴等扶持。

中国数字经济持续发展,体现出中国市场的巨大潜力。尽管人们为防控疫情避免出门聚餐、购物、旅行和娱乐,但14亿人的大市场需求是客观存在的。数字经济的发展,不仅保障了中国人疫情期间正常的生活需求,还提供了多样化选择,企业的担当和责任感也在增强,这将在很大程度上对冲疫情的负面影响,保持经济长期稳定发展。

(资料来源:央视新闻客户端,2020年1月)

分析:

数字经济中运用了什么营销理念?

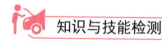 **知识与技能检测**

【同步测试】

一、单项选择题

1. ( )是指人们有支付能力购买和愿意购买某种产品的欲望。
  A. 需要　　　　　　B. 购买力　　　　　　C. 购买欲望　　　　　　D. 需求

2. （　　）是指市场需求与企业的预期目标相一致的状态，这是最理想的需求形态。
A. 充分的需求　　　B. 过度的需求　　　C. 潜在需求　　　D. 负需求

3. 我国有"酒香不怕巷子深""一招鲜，吃遍天"的谚语，是哪种营销观念的生动写照？（　　）
A. 生产观念　　　B. 产品观念　　　C. 推销观念　　　D. 市场营销观念

4. "顾客至上""哪里有顾客的需要，哪里就有我们的营销机会"，这些流行的口号属于（　　）。
A. 生产观念　　　B. 产品观念　　　C. 推销观念　　　D. 市场营销观念

5. （　　）是以互联网为基础，利用数字化的信息和网络媒体的交互性在网上开展的一系列营销活动，包括网上市场调查、网上购物、网上促销、网上支付、网上经营策略的实施等网络营销活动。
A. 绿色营销　　　B. 文化营销　　　C. 网络营销　　　D. 服务营销

二、多项选择题

1. 下列产品中，（　　）属于无形产品。
A. 服务　　　B. 体验　　　C. 创意　　　D. 手机

2. 营销4P理论指的是（　　）。
A. 产品　　　B. 价格　　　C. 渠道　　　D. 促销

3. 社会市场营销观念要求市场营销者在制定市场营销政策时要统筹兼顾三方面利益，即（　　）。
A. 企业利润　　　B. 顾客需要的满足　　　C. 社会环境　　　D. 社会利益

4. 市场营销观念是一种以顾客需求为中心的企业经营理念。它的内涵分别包括（　　）这几个方面。
A. 目标市场　　　B. 顾客需求　　　C. 整合营销　　　D. 盈利性

5. 下列属于营销新理念的是（　　）。
A. 绿色营销　　　B. 文化营销　　　C. 服务营销　　　D. 网络营销

三、判断题

1. 人类的需要和欲望是市场营销考虑问题的出发点和基础。（　　）
2. 充分的需求是指需求过大而造成供不应求的状态。（　　）
3. 交换不仅是一种现象，更是一种过程，只有当交换双方克服了各种交换障碍，达成了交换协议，才能称其为形成了"交易"。（　　）
4. 企业的营销观念是不断发生变化的，深刻地影响着企业或个人的营销实践。（　　）
5. 产品观念的核心是企业希望通过规模经济实现低成本和低价格的目标。（　　）

四、填空题

1. 对于一切既定的商品来说，市场包含了三个要素，即有某种需要的人、满足这种需要的_____和购买欲望。

2. 需求的形成必须符合两个条件：一是愿意购买；二是能够购买。也就是说，当人有购买能力时，欲望就转化为_____。

3. 产品是指提供给市场，用于满足人们某种欲望和需要的任何事物，包括_____与_____。

4. _____是市场营销活动的核心。

5. 在市场营销观念下,企业的主要目标不是单纯地追求销售量的短期增长,而是着眼于长久占领市场,从而实现了从"以产定销"向"_____"的重大转变。

五、名词解释

1. 市场营销
2. 潜在需求
3. 绿色营销

六、问答题

1. 市场上存在着多种不同形态的需求,具体指的是哪些需求?

2. 现代营销观念与传统营销观念有哪些区别?

3. 请列举几个重要的营销新理念。

【综合实训】

营销印象

[实训目的]

1. 了解营销的主要内容和思想。
2. 帮助学生形成现代营销观念。
3. 培养营销的职业意识。
4. 初步学会应用营销的思想分析实际问题。

[实训要求]

1. 要求学生进入企业进行实地访问和调查并结合文献研究，了解市场营销的相关工作岗位，了解企业对这些岗位的招聘条件和要求，熟悉各岗位的主要工作任务、所需的核心技能和对综合素质的要求，同时要了解各岗位的发展前景。

2. 要求学生对当地某一企业的市场营销行为进行调查，并运用市场营销的原理分析其营销活动，并对该企业提出市场营销活动的发展建议。

[实训步骤]

1. 根据教学班级人数确定学习小组（5~8组为宜），每组6~8人。
2. 小组讨论选出组长，确定选题，并分工进行文献研究，联系企业进行实地调查收集资料。
3. 以小组为单位组织研讨，形成小组的课题研究报告，并制作PPT进行汇报。
4. 同学互评和教师点评，然后综合评定本次各小组及成员的实训成绩。

[实训考核]

1. 实训准备工作。(10分)
2. 各组在本次实训的组织、分配、管理等过程中的表现。(20分)
3. 各组提交的实训报告的质量和汇报PPT的演示效果。(50分)
4. 学习小组的团队合作精神。(10分)
5. 同学互评，教师点评。(10分)

项目总结

通过对本项目的学习，我的总结如下：

一、主要知识

1.

2.

3.

4.

二、主要技能

1.

2.

3.

4.

三、成果检验

1. 完成任务的意义有：

2. 学到的知识和技能有：

3. 自悟到的知识和技能有：

4. 你对现代营销趋势发展的判断是：

项目二
消费者行为与营销

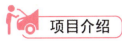 **项目介绍**

随着经济全球化的不断深入,消费者在市场交换活动中的主动地位越来越明显。消费者的购买行为不仅受到经济因素的影响,还会受到其他多种因素的影响,从而会产生很大的差异,即使具有同样类型需求的消费者,购买行为也会有所不同。作为营销者,认真研究和分析消费者的购买行为特征,掌握消费者市场的特点及购买行为模式,了解影响消费者购买行为的主要因素和购买决策过程,把握消费者行为类型及购买过程的各个阶段的特点,灵活运用市场营销对策,是非常必要的。

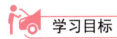 **学习目标**

知识目标
➢ 了解消费者市场的概念、特征、类型及购买行为模式;
➢ 掌握影响消费者购买行为的主要因素,理解其对企业营销活动的影响;
➢ 认识消费者购买决策的主要参与者,熟悉消费者购买决策过程。

能力目标
➢ 能够识别顾客类型;
➢ 能够确定影响消费者行为的主要因素;
➢ 能够针对消费者的购买行为类型引导消费者选购。

素质目标
➢ 具有自信、自律、意志坚定、抗压耐挫的职业精神;
➢ 具有团队合作精神和协作能力;
➢ 具有自主学习能力和坚持不懈的工作态度。

学习计划

	任务内容	消费者市场与购买行为	消费者购买行为分析	数字化消费行为的兴起
课前预习	预习时间			
	预习结果	1. 难易程度 ○偏易（即读即懂）　　○适中（需要思考） ○偏难（需查资料）　　○难（不明白） 2. 问题总结		
课后复习	复习时间			
	复习结果	1. 掌握程度 ○了解　　○熟悉　　○掌握　　○精通 2. 疑点、难点归纳		

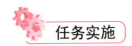

任务一　消费者市场与购买行为

营销只有围绕消费者的注意力转，才能获得市场，才能取得最终的成功。

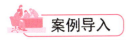

小玲的购物经历

适逢国庆节放假，某公司职员小玲待在家里非常无聊，于是就找朋友去逛街。商场里面琳琅满目的商品让小玲目不暇接，商家的促销活动更是让小玲心动不已，不知不觉间小玲花了不少的钱。回家一看，她才意识到买的东西都不是自己真正需要的：运动鞋是因为有 2 折的高折扣买的，颜色艳丽的外套是因为前一阵喜欢的明星穿了这个款式而买的。"心头一热，买下再说，后悔不已"——小玲的购物经历，你是否有过呢？

【案例分析】

鞋、服装等商品具有品种款式丰富、销售网点分散、品牌多样化等特点。案例中小玲的购买行为属于冲动型购买。

一、走进消费者市场

（一）消费者市场的概念

所谓消费者市场，是指为了满足生活消费而购买商品或服务的个人或家庭所构成的市场，又称为最终产品市场或消费品市场。现代市场营销的口号是"顾客至上""顾客是上帝"。因此，一切企业，无论是生产企业还是商业、服务企业，也无论是否直接为消费者服务，都必须研究消费者市场。消费者市场是现代市场营销研究的主要对象，是一切市场的基础。

随着生活水平的提高及产品的极大丰富，人们对产品的需求也越来越多。按照消费者的购买习惯，可以将消费者市场中的消费品分为便利品、选购品和特殊品三种类型，如表 2-1 所示。

表 2-1 消费品市场分类

类型	举例	特征
便利品	日用小商品，如肥皂、牙膏等	这类商品单价较低、体积不大。消费者就近购买。企业营销中应广设网点，以方便消费者购买
选购品	服装、家具等	消费者购买时较慎重。企业应通过优质的产品和服务去争取消费者。这类商品网点的设置宜集中分布，通常设在人口流动量大的繁华商业中心地带，以便于消费者比较和挑选
特殊品	汽车、商品房等	消费者注重品牌，不愿接受代用品。企业在营销中要争创品牌，多进行宣传，帮助消费者了解商品，加深消费者对商品的印象和好感

> **想一想**
> 购买手机的消费者通常会到哪里去购买？为什么？

不同类型的消费品呈现的特征、销售的渠道有所不同，消费者对待不同类型的消费品也呈现出不同的购买态度和习惯。企业应认真分析所售商品的特性，从消费者的立场考虑，更好地为消费者提供优质的产品、便利的购买条件和完善的售后服务。

（二）消费者市场的特点

认识消费者购买行为，首先要了解消费者市场的特点。消费者市场具有以下特点：

1. 人多面广

凡是有人的地方都会有消费需求，都有消费者市场。消费者市场的购买者主要是个人或家庭，生活中的每一个人都不可避免地会发生消费行为。面对如此广阔的市场领域，企业应该构筑密集和通畅的销售网络，使消费者在购买商品的过程中非常便利，从而增加销售机会，为企业赢得更多的顾客。

> **想一想**
> 女儿和妈妈都准备买一件上衣，她们在服装选择上存在哪些差别？举例说明。

2. 购买行为差异性大

受到年龄、性别、身体状况、性格、习惯、偏好、职业、地位、收入、文化教育程度、地理环境、气候条件等多种因素的影响，消费者的消费需求和购买行为具有很大的差异性，对商品的品种、规格、数量、质量、花色和价格的需求存在着很大的差别。企业一方面应该想到消费品市场的规模庞大，市场需要的商品总量比较多；另一方面又要考虑到这种需求的差异性比较大，提供给市场的商品不应该是同质的，而应该是多元化的。

3. 需求的易变性

科技进步，新产品层出不穷，商品供应日益丰富，消费者对商品的挑选余地更大，消费者的需求呈现出由少到多、由粗到精、由低级到高级的发展趋势。越来越多的消费者不喜欢一成不变的商品，要求商品在品种、款式、功能等方面都能够不断创新。

4. 非专家购买

市场上的商品种类繁多，消费者在购买商品时不可能做到对所有的商品都十分了解。特别是对商品的质量、性能、价格、使用、维护、保养乃至对市场行情等方面往往缺乏研究，其购买行为大多数属于非专家购买，购买过程中很容易受个人情感、广告宣传和其他推销方法的影响。

5. 购买次数多，数量小

消费者市场以个人或家庭为购买和消费单位。限于人数、需要量、购买能力、存放条件、商品有效期等因素，购买的批量小、批次多，是有限的，但购买较频繁。因此，消费者市场的营销者应当根据这一特点适当调整产品规格，缩小产品包装，以便更好地满足消费者的需求。

6. 商品的可替代性

消费品种类繁多，不同品牌甚至不同品种之间往往可以互相替代。

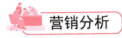
营销分析

贬"味"扬"鸡"

某顾客在家中做饭时，少了一味调味品，就赶紧到附近超市选购。走到调味品货架前，被一营销员堵住了去路："先生是不是要买味精？千万别买啊！要买就买鸡精吧。"顾客不解："为何？"营销员关切地说："调味时鸡精比味精用量少一半，最重要的是味精吃多了会影响听力，甚至会导致耳聋。"顾客对此闻所未闻，反问："你有事实根据吗？"营销员顿时语塞。

分析：

（1）结合案例分析"调味品"属于什么类型的消费品，这类消费品有何特征。

（2）营销员对顾客的介绍方式妥当吗？营销员在对顾客进行商品推介时应该考虑到哪些因素？

二、区分消费者购买行为类型

在购买活动中，消费者由于受到生理因素、心理因素、社会因素等方面的影响和制约，其购买行为是千差万别的，可以说没有任何两个购买者的行为是完全相同的。研究消费者的购买行为，首先需要区分不同的类型，找出不同类型消费者购买行为的特点，以便有针对性地开展市场营销活动。

（一）按消费者购买目标的选定程度划分

1. 全确定型

此类消费者在购买商品前，已有明确的购买目标。因此，这种类型的消费者一般在购买时目的性非常强，能主动提出购买商品的要求，而且只要商品符合他的需要，就会毫不犹豫地购买下来。对于这类消费者，营销者易于把握，只要认真观察其购买行为和语言表达，想办法满足其购买欲望即可。

2. 半确定型

此类消费者在购买商品前，已有大致的购买目标，但对所要购买商品的具体要求还不是很明确，需要经过对各种商品多次的选择和比较才能做出购买决定。对于这类消费者，营销者要耐心细致地介绍商品，做好消费者的参谋，要善于引导消费者最终做出购买决定。

3. 不确定型

此类消费者在购买商品前，没有明确的购买目标，购买时以观察为主，偶然遇到感兴趣或者合适的商品也会购买，否则，就会放弃购买。对于这类消费者，营销者应让其有一个充分自由的购买空间，不要营造购买时的压抑感，而是当消费者考虑成熟时，帮助他做出购买决定。

（二）按消费者购买的态度和要求划分

1. 习惯型

这类消费者往往根据以往的购买经验和使用习惯来进行购买，如长期购买同一品牌的商品或长期惠顾某一商店等。在购买时，这类消费者一般不经过挑选与比较，就可以做出购买决定。而且大多数是重复购买，购买行动非常迅速。对于这类消费者，营销者要想办法帮助其实现购买，如帮助其迅速寻找商品、做好相应的服务工作等即可。

2. 理智型

这类消费者购买的主动性和主观性较强。在实际购买前，这类消费者会根据自己的购买经验和对商品的认识，对所购的商品进行周密的分析与思考，购买时善于控制自己的情绪，不易受外界因素如商店里的各种宣传包装等影响。对于这类消费者，营销者应尊重其选择，适时地对其选择加以赞许和肯定，不要过多地发表意见，以免引起对方的反感。

3. 经济型

这类消费者在选购商品时，会更多地从经济的角度出发，对商品的价格非常敏感。对于这类消费者，营销者在其购买时应强调商品的物美价廉、物有所值，帮助挑选适合其心理价位需求的商品。

4. 冲动型

这类消费者在选购商品的时候，容易受客观刺激物的影响，产生冲动消费。在购买时以直观感觉为主，更多地考虑商品的外观和本人的兴趣，易忽略商品的用途和性能。购买后，往往会因为不实用而后悔。对于这类消费者，营销者应在帮助其认识商品的同时，利用商品的外观质量和广告的宣传，帮助其挑选到既实用又好看的商品。

5. 情感型

这类消费者情感体验深刻，想象力与联想力特别丰富，审美感觉比较灵敏，购买时容易受情感的影响。商品的宣传广告、外观、造型、颜色、命名、象征意义等对他们的吸引力大。对于这类消费者，营销者应适当营造购买的氛围，以情促销，满足消费者的情感要求。

6. 疑虑型

这类消费者选购商品时小心谨慎，疑心大，从不冒失仓促地做出决定。这类消费者挑选商品动作缓慢，费时较多，还可能因为没有把握或犹豫不决而中断购买，即使购买也会担心上当受骗。对于这类消费者，营销者应耐心接待，并鼓励其大胆购买，保证其购买到称心如意的商品。

7. 不定型

这类消费者一种情况是初次购买某种商品，对于商品品牌、质量、价格等均不够了解，因而不能确定自己的购买意向，需要营销者推荐；另一种情况是消费习惯和消费偏好不稳定，缺乏主见，因而出现购买意向游移。对于不定型的消费者，营销者的推荐就显得尤其重要，可以通过与其交流，挖掘出尽量多的信息从而帮助其做出适当的选择。

（三）按消费者在购买现场的情感反应划分

对于消费者购买行为类型，我们还可根据消费者在购买现场的情感反应，将其划分为五种类型。针对不同的类型，其营销对策也各不相同，如表 2-2 所示。

表 2-2 根据消费者在购买现场的情感反应划分的顾客类型及营销对策

主要类型	现场反应特点	营销对策
沉着型	沉默寡言，感情不外露，举动不明显，购买态度持重，交际适度，不愿与营销员谈论商品之外的话题，也不爱听带有幽默感或玩笑式的话语	营销员应端庄有礼，举止适度，与顾客交流时要注意语言的选择，不要过多地与顾客进行语言交流
温和型	往往遵从营销员的介绍和意见，做出较快的购买决定。对营销员的服务比较放心，很少亲自重复检查商品的质量。注重营销员的服务态度和服务质量	营销员应以诚恳的态度来接待顾客，在揣摩顾客的实际需要后，介绍一种最适合顾客的商品，帮助顾客实现购买
健谈型	话语较多，能很快与营销员接近，愿意与营销员或其他顾客交换意见，富于幽默，喜欢开玩笑，有时甚至谈得忘乎所以，谈到其他琐事上，忘掉购买商品	营销员应先让其畅所欲言，在摸清其购买意图时，将话题引导到购买的商品上，保证其完成购买

续表

主要类型	现场反应特点	营销对策
反感型	往往不能忍受别人的意见,对营销员的介绍异常警觉,抱有戒心,持不信任态度,甚至露出讥讽的笑容和神态	营销员应态度诚恳,实事求是地介绍商品,让顾客冷静地分析商品,然后做出购买决定
傲慢型	态度傲慢,语言、表情都神气十足,甚至会用命令式的口吻提出要求。对营销员的服务要求极高,稍有不合意就争吵	营销员应尽量满足其合理的要求,避免与其争吵,想办法让其在最短的时间内做出购买决定

以上分类仅仅是参考,现实生活中,消费者的性别、年龄、职业、经济条件、空余时间和心理状况等方面的不同,以及购买环境、购买方式、商业类型、供求状况、营销者仪表与服务质量等方面的不同,都会影响其购买行为,出现行为的差异现象。所以,研究分析消费者行为类型,必须结合企业活动的现实环境,结合消费者的言行特点,以及他们对商品的心理反应等方面进行具体的分析,并随时采取相应的措施。

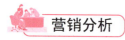

营销分析

一位女士的购物经历

一位女士在某商场的购物过程如下:因为原有的手机丢失,先到手机专柜通过营业员介绍购买了一款新推出的手机;然后在摄影器材柜台被营业员所宣传的数码相机吸引,虽然经过营业员的详细讲解,但因为没有使用经验,还是决定下次找个懂行的朋友一起来购买;最后在日用品自选超市买了某种知名品牌的洗发水。

分析:

(1)这位女士在购买不同商品时的行为分别属于哪种购买行为类型?

(2)上述购买行为类型具有什么消费特点?

三、认识消费者购买行为模式

（一）研究消费者购买行为时需要了解的重要问题

对消费者购买行为规律的研究，首先涉及消费者购买行为的模式。消费者购买行为的模式是研究消费者行为的起点，分析消费者购买行为的目的，就是要研究消费者是如何做出自己购买商品的消费决策的。市场营销学家将其主要的决策内容归纳为以下七个主要问题（也称为"7O"研究法）。

(1) 消费者市场由谁构成？（who）——购买者（occupants）
(2) 购买什么？（what）——购买对象（objects）
(3) 谁参与购买活动？（who）——购买组织（organizations）
(4) 怎样购买？（how）——购买方式（operations）
(5) 何时购买？（when）——购买时间（occasions）
(6) 何地购买？（where）——购买地点（outlets）
(7) 为何购买？（why）——购买目的（objectives）

这些问题看似简单，却往往需要通过广泛深入的市场调查来获得答案，企业只有通过调查去发现消费者的购买行为规律，较为准确地回答以上问题，才能有的放矢地开展营销活动。以上七个问题中的前六个是购买行为的外显行为，可以通过访问或观察去了解和掌握，而对于第七个问题，即"为何购买"则是一个非常复杂的问题，这是购买者复杂的内在心理作用过程的结果。对于这个问题，我们将从消费者购买行为模式的分析中去认识。

（二）消费者购买行为模式

消费者所处的环境各不相同，消费者自身的情况也是千差万别的，企业的营销活动对具体的消费者而言，能否起到预期的作用，对哪些人有效，就要分析市场营销影响因素与消费者反应之间的关系。我们可以从心理学的"刺激-反应"模式出发去建立消费者的购买行为模式。这是分析研究消费者行为最基本的方法，如图2-1所示。

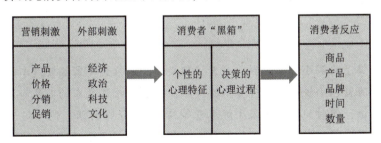

图2-1 消费者购买行为模式

从以上模式中可以看到，任何消费者的购买决策和购买反应，首先是受到企业的营销活动刺激和各种外部刺激而产生购买取向的，其中营销刺激包括企业所进行的产品、价格、分销、促销策略刺激，而外部刺激则包括经济、政治、科技、文化等。不同特征的消费者对于各种刺激和影响又会基于自己特定的内在因素和决策方式做出不同的反应，从而形成不同的购买取向和购买行为。这就是消费者购买行为的一般规律。

在这一购买行为模式中,"营销刺激"和各种"外部刺激"是可以看得到的,消费者最后的决策和选择也是可以看得到的,但是消费者如何根据外部的刺激进行判断和决策的过程却是看不见的。这就是心理学中的所谓"黑箱"效应。营销者要让消费者的反应对自己有利,就要对其行为进行分析,就是要对"黑箱"进行分析,设法了解影响消费者购买行为特征的各种因素,以及消费者的购买决策过程。

(三)消费者购买行为的类型

根据消费者行为的复杂程度(所花时间、精力及谨慎程度)和所购商品本身的差异性大小,可将消费者购买行为划分为以下四种:

1. 复杂型购买行为

消费者初次购买差异很大的耐用消费品时,通常要经过一个认真考虑的过程,要广泛收集各种有关信息,对可供选择的商品反复评估,在此基础上建立品牌信念,形成对各个品牌的态度,最后谨慎地购买。购买大件消费品便属于这种类型。

2. 和谐型购买行为

消费者购买差异性不大的商品时发生的购买行为多属于和谐型购买行为。由于商品本身的差异不明显,消费者一般不必花费很多时间去收集并评估不同品牌的各种信息,而主要关心价格是否优惠,购买时间、地点是否合适。因此,和谐型购买行为从引起需求和动机到决定购买所用的时间较短。

3. 习惯型购买行为

这是一种简单的购买行为,也是一种常规反应行为,消费者已熟知商品特性和各主要品牌特点,并已形成品牌偏好,因而不需要寻找、收集有关信息。

4. 多变型购买行为

这是为了使消费多样化而常变换品牌的一种购买行为,一般是购买品牌差异较大但较易于选择的商品。

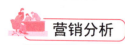
营销分析

我改变主意了

小妮终于攒够了购买小轿车的钱,这天,她兴冲冲地来到一家经营汽车的公司,看中了这里出售的一辆海蓝色小轿车。尽管贵价格一点,但她喜欢这款车的颜色和式样。不巧,销售员正要去吃午饭,便对她说,如果小妮愿意等待30多分钟的话,他一定乐意立即赶回来为她服务。小妮同意等一会儿,总不能不让人吃饭呀,即使再加上30分钟也没关系,要紧的是她特意挑选今天这个日子来买车,无论如何都必须把车开回去。等待期间,她走出了这家公司,看见街对面也是一家出售汽车的公司,便信步走了过去。

销售员是个活泼的年轻人,他一见小妮进来,就彬彬有礼地问:"我能为您效劳吗?"小妮微微一笑,告诉他自己只是来看看,消磨一下时间。年轻的销售员热情地陪她在销售大厅参观,并自我介绍说他叫王亮。王亮陪着小妮聊天,很快两人便谈得很投机。小妮告诉他,自己来买车,可惜这里没有她想要的车。王亮很奇怪小妮为什么一定要今天买到车。小妮说:"今天是我的生日,我特意挑选今天这个日子来买车。"王亮笑着向小妮祝贺,并和身旁一个同伴低声耳语了几句。不一会儿,这个同伴捧着几枝鲜艳的红玫瑰进来,王亮接过来送给小妮:"祝你生日快乐!"

小妮的眼睛亮了,她非常感谢王亮的好意,两人越谈越高兴,什么海蓝色小轿车,什么30分钟,小妮都想不起来了。突然,小妮看见大厅一侧有一辆银灰色的轿车,色泽是那样的柔和诱人,她十分心动。王亮见状便热心仔细地介绍了这辆车的特点,尤其是价格比较便宜。小妮最终决定要买这辆银灰色的车。开车回去的路上,她的车上插着几枝鲜艳的红玫瑰,小妮感到今天的生日无比美好。

分析:
小妮为什么买了一辆自己原先根本没有想买的车?

任务二　消费者购买行为分析

> 顾客对环境的反应时刻都会发生变化,营销者必须认真研究。

案例导入

好奇心理与企业营销

北京王府井有家"酒吧"的主人,在门口放着一个巨型酒桶,外面写着醒目的大字"不准偷看!"许多过往行人十分好奇,偏偏非要看个究竟不可。哪知道只要把头探进桶里,便可以闻到一种清醇芳香的酒味,还可以看到桶底隐约写着"本店美酒与众不同,请享用!"的字样,不少大叫"上当"的人,却粲然一笑之后顿觉酒瘾大发,于是进店去试饮几杯。

【案例分析】
案例中,在酒吧门口放一个巨型酒桶,在酒桶上面写着醒目的"不准偷看",以此来吸引消费者。"不准偷看"引起了消费者好奇感,以逆向思维引导消费者一探究竟,从而刺激消费者产生进店消费的行为。

一、分析影响消费者购买行为的主要因素

从消费者购买行为模式中可知,同样的营销刺激,不同的消费者具有不同的反应,营销人员希望消费者的反应对自己有利,就要对消费者"黑箱"进行重点分析。影响消费者"黑箱"的主要因素之一是消费者的特征,影响消费者特征的因素包括文化因素、社会因素、个人因素及心理因素,如图2-2所示,这些因素从不同的角度影响着消费者的购买行为。

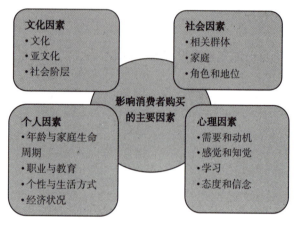

图 2-2　影响消费者购买行为的主要因素

(一) 文化因素

文化因素是影响消费者行为最为广泛和最为深刻的因素,主要包括文化、亚文化和社会阶层三个方面。

1. 文化

文化通常是指人类在长期生活实践中建立起来的价值观念、道德观念以及其他行为准则和生活习俗。文化属于意识形态的范畴,它会对消费者的需要和购买行为产生很大的影响。文化渗透于产品的设计、定价、质量、款式、种类、包装等整个营销活动之中。营销人员的活动,实际上成了文化结构的有机组成部分。

2. 亚文化

任何文化都包含着一些较小的群体或所谓的亚文化,如民族亚文化、宗教亚文化、地理亚文化和种族亚文化等。它们以特定的认同感和影响力将各成员联系在一起,使之持有特定的价值观念、生活格调与行为方式。

3. 社会阶层

社会阶层是社会中按照等级排列的、比较同质而且持久的群体。例如,人们往往会按照一定的社会标准,如收入、受教育程度、职业、社会地位及名望等,将社会成员划分成若干社会等级。同一社会阶层的人往往有着类似的价值观、生活方式、思维方式和生活目标,并影响着他们的购买行为。企业应根据目标市场的社会阶层,来确定提供什么样的产品、服务方式,采取相应的促销技巧以达到良好的营销效果。

社会阶层对消费者行为的影响表现在以下三方面:

(1) 社会阶层是具有相对的同质性和持久性的群体。按等级排列，每一阶层的成员具有类似的价值观、兴趣爱好和行为方式。

(2) 一个人的社会阶层，通常是职业、收入、教育和价值观等多种因素作用的结果。

(3) 同一社会阶层的人，要比来自不同社会阶层的人的行为更加相似。

> **素质提升小课堂**　　**文化自信**
>
> 　　文化自信是一个民族、一个国家对自身文化价值的充分肯定和积极践行，以及对其文化的生命力持有的坚定信心。文化特别是思想文化是一个国家、一个民族的灵魂。无论哪一个国家、哪一个民族，如果不珍惜自己的思想文化，丢掉了思想文化这个灵魂，这个国家、这个民族是立不起来的。

（二）社会因素

影响消费者购买行为的社会因素主要包括相关群体、家庭、角色和地位几方面。

1. 相关群体

相关群体是指能直接或间接影响消费者行为和价值观的个人或团体。相关群体将影响个人的生活方式和行为，影响个人态度和自我观念，影响个人的实际产品选择和品牌选择。例如，一个人的家庭成员、同事、朋友等的言行观点，会对一个人的行为产生直接影响，这是主要的相关群体；一些组织如工会、团队等，通过活动对某个人产生一些影响，这是次要群体。此外，还有一些群体，虽然与某人没有直接的社会往来，但由于他们特殊的地位、职业等，使得他们的消费行为影响其他人，这便是崇拜性群体。

相关群体对消费者行为的影响表现在以下三方面：

(1) 示范性。相关群体的消费行为和生活方式为消费者展示出新的行为模式和生活方式。

(2) 仿效性。相关群体的消费行为引起人们仿效的欲望，影响人们对商品的选择。

(3) 一致性。相关群体促使人们的行为趋于某种"一致化"，从而影响消费者对某些产品品牌的选择。

> **议一议**
>
> 请以小组为单位，评价"明星"作为相关群体在营销中的影响力及号召力。

2. 家庭

家庭是社会组织的一个基本单位，也是消费者的首要相关群体之一，对消费者购买行为具有重要影响。在一个家庭中，不同商品的购买决策往往是由不同的家庭成员做出的。营销人员要了解每种特定商品的购买决策究竟是由家庭中的哪个成员做出的，以便运用恰当的语言和营销方式促进购买行为顺利完成。

3. 角色和地位

角色是个体在特定的社会关系中的身份及由此而产生的行为规范和行为模式的总和。在不同的社会关系中，消费者扮演着不同的角色，而每种角色又附着一种社会地位，消费者做出购买选择时往往会考虑自己的角色和地位，企业的产品或服务形象如果与消费者的角色和地位相契合，将会增强在消费者心中的认同度，从而起到促进销售的作用。

（三）个人因素

在相同的社会和文化背景下，消费者的购买行为也同样存在着相当大的差异，消费者的个人因素对于其购买行为起着更为明显的作用。个人因素中包含年龄与家庭生命周期、职业与教育、个性与生活方式、经济状况等。

1. 年龄与家庭生命周期

年龄与家庭生命周期有较强的相关性，消费者在不同年龄会处于不同的家庭生命周期阶段，他们购买产品的种类和方式也会有所区别。例如，青少年往往追求时尚的新产品；中年人更关心家庭的生活状况改善和孩子的教育，购买住房、汽车、家庭用品较多；老年人是保健用品的主要购买者。不同年龄的消费者，其购买方式也各有特点，青年人容易出现冲动性购买；中老年更注重产品实用性和方便性，偏理性消费等。

2. 职业与教育

不同职业的消费者因其收入、工作环境和职业特点等原因，往往在消费结构和消费习惯上也会不同。营销人员应找准自己的目标市场，并根据消费者的职业特点制定恰当的营销组合策略。受教育程度高低对消费者购买行为也产生着影响。例如，受教育程度较高的消费者对书籍等文化用品的需求量较大，购买商品的理性程度较高，购买决策过程较全面。

3. 个性与生活方式

个性是个人带有倾向性、稳定性的心理特征的总和，包括能力、气质和性格。个性是个人对环境做出的比较一致和持续性的反应，可以直接或间接地影响其购买行为。例如，喜欢冒险的消费者容易受广告的影响，成为新产品的早期使用者；自信或急躁的人购买过程较短等。生活方式是一个在特定的社会环境和价值观指导下所形成的生活形态和行为特征，不同生活方式的人有着不同的需求和购买行为。

4. 经济状况

一个人的经济状况，取决于他的可支配收入的水平、储蓄和资产、借贷能力，以及他对开支与储蓄的态度。个人购买能力在很大程度上制约着个人的购买行为。一般来说，低收入人群更关注价格，购买行为偏向于经济型。营销人员虽然不能改变消费者的经济状况，可以影响消费者对消费和储蓄的态度，通过产品及销售渠道来更好地适应消费者的购买能力。

> **想一想**
>
> 公司总裁、医生、教师等不同职业的消费者购买行为有什么不同呢？

（四）心理因素

心理因素是指消费者出于心理性的原因而影响其购买决策与购买行为，其中包括消费者的需要与动机、感觉和知觉、学习、态度和信念等。

1. 需要和动机

心理学家曾提出过许多人类行为动机理论，最著名的是亚伯拉罕·马斯洛的需要层次理论，以人的需要为出发点来研究人的动机。马斯洛需要层次理论把人们的需要由低到高分为生理需要、安全需要、社会交往需要、尊重需要和自我实现的需要五个层次。消费者在特定的外界刺激下产生需要，需要在一定的具体条件下便会成为一种行为的内在动力，即动机，有了动机才会产生购买行为。

根据需要层次理论，营销人员应当了解目标市场消费者的不同需要层次，制定相关的营销策略，以刺激消费者产生购买动机，从而产生购买行为。

2. 感觉和知觉

感觉是指消费者的感官直接接触刺激物和情境所获得的直观、形象的反映。刺激物或情境的信息，如某种商品的形状、大小、颜色、声响、气味等，刺激了人的视、听、触、嗅、味等感官，使消费者产生的一种感应状态。知觉是人们为了了解事物而收集、整理和解释信息的过程。人们在日常生活中面对许许多多的各类信息，不可能对所有信息都加以注意，绝大多数信息都被筛选掉了，只有那些能引起人们注意的信息，或者说与自己态度和信念相吻合的信息能得以保留，这便是知觉的过程。在现实生活中，人们往往只记住自己所喜欢的品牌的优点，而忘记了竞争对手同类产品的优点。因此，营销人员在向目标市场传递信息时必须设法牢固消费者的知觉壁垒。例如，企业不断重复同一广告语，就是利用了人们的知觉过程，力图给人们留下深刻印象。

知觉过程具有以下特点：

（1）选择性注意。在众多信息中，接受对自己有意义的信息以及与其他信息相比有明显差别的信息。例如，打算买汽车的人会十分留意汽车信息而容易忽视房产信息。

（2）选择性理解。人们趋向于将所获得的信息与自己的意愿结合起来，然后加以接受。

（3）选择性记忆。人们易于记住与自己的态度和信念一致的信息。

3. 学习

消费者在购买和使用商品的实践中，逐步获得和积累经验，并根据经验调整购买行为的过程，称为学习。人类的行为有些是本能的、与生俱来的，但大多数行为是通过学习、实践得来的。这种学习会引起消费者购买行为的不断变化。

4. 态度和信念

态度是对事物的持久、一致的评价及反应。态度的逐渐形成，产生于与产品、企业的接触，其他消费者影响，个人生活经历，家庭环境熏陶。信念是个人认定、可以确信的看法，可建立在不同的基础上。如牛奶中含有丰富的蛋白质、脂肪和矿物质等营养物质，是以"知识"为基础的信念；"汽车越小越省油"，可能是建立在"感觉"之上；某种偏好很可能由于"信任"而来。态度与信念形成于消费者长期的学习和实践活动中，因此，是难以改变的，营销人员要经常了解消费者的态度和信念，利用各种手段，让消费者的态度和信念向有利于企业的方向改变和发展。

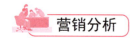 **营销分析**

最美夕阳红

随着中国老龄人口的增多、预期寿命的增长,老年人晚年生活的安排也开始丰富多彩。收入较高、保障较好的老年人,成为老年旅游市场的主体。很多旅行社抓住这一机遇,纷纷开设"夕阳红旅游团"或"银发旅游团"等项目。这些项目虽然一度被批评"考虑不周"(是指在线路、就餐和安全等方面),但部分旅游公司不断改进自身的服务,赢得了老年人市场,使"夕阳红旅游"成为公司的主要项目,成为部分老年人休闲娱乐的重要方式。例如,某地的夕阳红旅行社是一家专门做老年人旅游的公司,公司在线路选择上,一般以短途为主,旅行线路不难走(避免大幅度运动),在就餐上选择松软可口的饭菜……所有这些,都是针对老年人的特殊需要,所以,该旅行社赢得了老年人的青睐。

分析:

(1) 该夕阳红旅行社针对老年人市场制定了怎样的营销策略?

(2) 该夕阳红旅行社制定相应的营销策略时都考虑了哪些影响因素才在老年旅游市场赢得一席之地?

二、判断消费者购买决策过程

(一) 消费者购买决策过程的参与者

消费购买决策的形成,往往是由多个人共同参与做出的,根据购买决策过程的参与者在购买活动中所起的作用,可将其分为以下几种角色,如表2-3所示。

表 2-3 消费者购买决策过程的参与角色

参与者角色	角色内容
发起者	最先建议或想到购买某种产品或服务的人
影响者	其看法和建议对最终购买决策有直接或间接影响的人
决策者	在部分或整个购买决策中有权做出决定的人
购买者	进行实际购买的人
使用者	直接使用或消费所购买产品或服务的人

消费者以个人为单位购买时，五种角色可能同时由一个人担任。当以家庭为购买单位时，五种角色往往由家庭不同成员分别担任。例如，一个家庭要购买一辆汽车，发起者可能是父亲，他认为家离上班地点太远，有辆车就可以节省时间；影响者可能是母亲，她认为现阶段孩子上学开销比较大，如果要买的话尽量考虑一款价位较低的车型；决策者可能是母亲，她经过对家庭开支的核算考虑，权衡利弊之后决定购买；购买者可能是父亲，他在和家人到4S店和对多家汽车网站比较后，选择确定了款型，最终付款；使用者则是全家，汽车在为父母上下班提供了很大便利的同时，也给家人在出行、旅行时增添了方便和乐趣。结合上述情况，营销人员应当根据消费者购买过程的不同参与者，在购买决策过程中采取有针对性的营销策略。

（二）消费者的购买决策过程

消费者的购买决策过程，是指消费者产生购买行为或购买活动的具体步骤。消费者在购买决策过程中因受到"刺激-反应"模式的影响，会产生不同的心理认知状态。由于影响消费者购买行为的各种因素在不同消费者之间的程度不同，也由于购买的商品的性质、用途不同，消费者在不同产品上所花费的时间和精力也是不同的。典型的消费者购买决策过程一般可以分为五个阶段：认知需要、收集信息、选择评价、决定购买和购后行为，如图2-3所示。

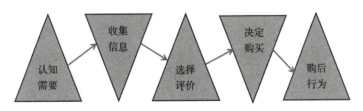

图 2-3 消费者购买决策过程

1. 认知需要

所谓认知需要，就是消费者发现现实状况与其所想达到的状况之间有一定的差距，往往是受到某种内部或外部的刺激后，开始意识到的一种消费需求。这种需求可能是人体内部的生理需求，如饥饿、干渴等，也可能是其他层次的需求。当这种需求上升到某种程度时就成为一种动力，驱使人们去选择某种物品以满足这种需求，这就是购买过程的开始。同样，外部刺激也能够引起需求，如看到别人吃东西而引起食欲，或从杂志、电视上看到时装广告而产生购买时装的欲望。因此，营销人员应当不失时机地采取适当措施，唤起和强化消费者的需求。

素质提升小课堂 —— 理性消费

圣贤孔子曾论述："奢则不孙，俭则固。与其不孙也，宁固。"就是说，在"奢侈"与"节俭"两者的抉择中，孔子倾向于"节俭"，或者说反对奢侈浮华的生活方式，主张节俭朴素的生活方式，但又不赞成过于节俭。坚持适度消费、理性消费是我国优秀的文化传统。从经济学的角度看，理性消费通常指"消费者严格遵守边际效用理论，能够通过仔细分配自己的资源达到追求效用最大化和满足最大化的消费行为"。在进行物质产品和精神产品消费过程中，我们要坚持中华民族艰苦朴素、勤俭节约的优良传统，不依赖任何惯性或心理上的因素，不形成攀比消费等盲目行为，对消费过程能够准确认知和预测，其消费水平与自身经济状况相适应，以达到一种健康合理的消费方式。

2. 收集信息

被唤起需求的消费者可能会去寻求更多的信息，如果消费者的驱使力很强，可供满意的产品又易于购买，那么，他就很可能会购买该商品。但在大多数情况下，需求不能立即得到满足，因而需求便储存在记忆中。有些消费者就会着手收集相关的信息：一种是收集同需求相关的一般信息，如要购买汽车，就从各种广告媒体及其他信息渠道中寻求有关汽车的信息；另一种是收集同其他需求相联系的具体信息，如收集汽车的各种型号、价格、性能、规格和款式等。在这一阶段，营销人员的重点工作是了解消费者需要的各种主要信息来源，以及每种信息对今后的购买决策的相对影响。消费者的信息来源一般来自个人、商业、公共和经验四种渠道。

3. 选择评价

消费者对得到的信息进行分析、整理、比较，从质量、效用、款式、价格、品牌、售后服务等方面对各种商品进行评价，确定购买意向。

4. 决定购买

决定购买和实现购买，是购买决策过程的中心环节。在正常情况下，消费者会按照自己的购买意图做出购买决定，购买选中的商品，完成交易。但有时在实现购买的过程中可能会出现某些障碍或与原来预期的情况不符，而最终使购买行为不能实现。比如，购买商品时营销人员的怠慢、试用产品的情况不理想等，都会使顾客放弃购买。营销人员一定要注意把握好顾客真正实现购买之前的时机，按照顾客接受的最佳状态来考虑接待方式。

消费者对商品信息经过分析评价后，就进入决定购买阶段。一般来说，消费者有以下三种性质的购买行为：

（1）试购。消费者初购产品或购买新产品时往往少量购买，其目的是通过直接使用商品来获得感性认识，掌握第一手材料。

（2）重复购买。当消费者对某些商品试用后感到效果较好时，就会经常购买该种商品，对这种商品的重复购买使消费者产生了对此种品牌商品的偏爱。

（3）连锁购买。也就是系列购买或迁移购买，是指消费者购买了主购商品后对附属、系列或关联商品的购买。

5. 购后行为

消费者对购买后的商品产生的购后行为通常包括购后评价和购后行动两个方面。购后评价是消费者完成购买决策以后在使用产品或服务的过程中产生的语言或心理状态，这种状态与企业对消费者赋予的期望值有密切的关系。如果企业夸大其产品的优点，消费者将会感受到不能证实的期望，从而导致消费者的不满意感。相反，那些有保留地宣传其产品优点的企业，反倒会使消费者产生高于期望的满意感，并树立起良好的产品形象和企业形象。消费者对商品除了做出评价外，还会产生相应的购后行为。如果消费者对产品满意，则在下一次购买中可能继续购买该产品，并向他人宣传该产品的优点。但是，对该产品失望的消费者不但不会再购买该产品，而且还可能会到处进行反面宣传，使原已准备购买的其他消费者也改变其购买意图。因此，企业的营销人员应加强售后服务，尽量减少消费者购买后可能产生的不满意感，尽量增强其满意感，以促使消费者形成有利的购后行动。

营销分析

注重消费体验的 A 家居

A 家居是一家跨国性的私有居家用品零售企业，在多个国家经营 300 余家传统的线下门店以及网上零售业务，主营业务是销售平整式包装的家具、配件、浴室和厨房用品等商品。

在 A 家居的线下卖场，卖场地板上的单向箭头指引消费者先逛完整个卖场，再拿购物车到仓库，从平板货架上取走想要的商品。很多商品被设计成简单套件，体积小，包装、储存和运送的成本也较低，由消费者自行组装；卖场环境布置方面，A 家居将产品的应用环境模拟出来，通过设计师布置一个个场景，让顾客看到产品在实际应用场景中的效果。此外，卖场的样板间随着新品和季节不断变化，让消费者可以迅速了解到家具应该如何布置，从而吸引了大批消费者前来购买商品。与其他品牌的家具商相比较，部分商家会在沙发、床垫等产品上标上"损坏赔偿""样品勿坐"等警告标志。相反，A 家居则是让消费者可以随心所欲地浏览和感受自己感兴趣的商品，能够触碰所有商品，让消费者尽情体验的方式极大地增强了与消费者之间的互动。

A 家居推出应用程序，提供数字化、便捷化的用户体验，只需要单击鼠标即可轻松进行搜索、查找、选择和购买，其官网的访问量也呈上升趋势。久而久之，到 A 家居的消费者多了起来，大家说不仅仅是因为想购买家居用品，而是更想去感受一种文化、一种生活态度。

分析：

（1）家具是一种什么类型的消费品？选购这类型产品的消费者有什么特点？

（2）A家居的做法对于消费者购买行为产生了怎样的影响？

任务三　数字化消费行为的兴起

数字技术已经全面渗透到生活的方方面面，带动数字化消费潜力不断扩大。

智能技术引领外卖消费新时代

对于所有本地生活服务平台来说，配送调度一直都是该行业的一大痛点。行业发展初期，配送主要使用骑手抢单和人工派单两种模式。骑手抢单模式存在较严重的挑单、拆单、乱抢单等问题，既不能保障商户、消费者体验，又不能保障资源合理分配，造成运力浪费和效率低下；人工派单模式对调度员个人能力要求高，既不利于业务快速扩展，又无法应付高单量，同时人力成本也很高，还极易出现问题。

在这样的情况下，外卖行业就会出现这样的问题：消费者下单之后，卖家接单开始制作，然而久久等不到外卖员接单，或者外卖员接单之后前面还排着好几份要送的餐，这样一来，消费者等待的时间变长，体验自然就很差。而对于商家来说，做好的食品不能得到及时的配送，口感与品质自然也会大打折扣。

外卖配送调度规模巨大、复杂程度高，而且每一单的生命周期十分有限，加上各种因素导致订单配送调度的差异化要求高，因此，会造成巨大的浪费和产生不必要的管理成本。

如今，在大量的历史数据基础上，企业可以建立大数据分析从而优化平台。针对配送调度精准建模，系统将根据骑手未配送订单信息、不同目的地信息、骑手实时位置和运送方向等海量大数据进行智能调度和派单。此外，系统还将自适应和自学习，合理压单、批量处理未派送的订单，还将把许多外卖可能遇到的问题考虑进来，比如，订单结构、配送员习惯、区域路况、天气、交通工具、取餐难度、出餐时间、交付难度、配送范围等多类复杂因素，进行精准画像，并将配送"最后一公里"中影响配送效率的路面障碍物加入地图的路网数据，有效规划导航路径。

看似简单的一份外卖，背后却要经过十分复杂的算法才能送到消费者的手里。其最终目标就是帮助商家和消费者节省时间，提高效率，提升外卖服务各方体验。据悉，目前美团外卖平均配送时长已经缩短到了28分钟，将网络协同和数据智能双轮驱动的科技应用到了外卖领域。

【案例分析】

目前，外卖商业平台既需要考虑相应的竞争力，还要满足用户的需求，同时，外卖行业短期内还是需要大量人力去服务，这就需要在这三点当中去做平衡：一是消费者的诉求；二是对骑手的保护；三是平台的效率和成本的优化。

数字经济时代，数字技术与实体经济不断融合，成为推动经济增长和市场运行深刻变革的新动能和新力量。以产品和服务的数字内涵为对象的数字化消费在中国显示出强劲的增长潜力，不仅有效推动了消费扩容提质，也给企业在供给侧结构性改革中带来了新的发展机遇。而所谓的数字化消费就是指由产品和服务搭载的数字内涵和数字特性所引致的消费。如今，数字技术创新，提供了新产品、新服务，从而创造消费动力，不断开创消费新领域，特别是互联网、虚拟现实、人工智能等技术给消费者带来了更多、更好的消费体验。

一、互联网促进了消费升级

互联网的发展令消费者能够借助这个渠道进行信息的传输和接收，消费者可以足不出户而随时获取信息，并且获取信息的速度快、时效性强、信息量大。

互联网技术使消费更便利，使消费对象更丰富。网上教育、培训等方面的需求快速增加，成为大众日常消费必不可少的组成部分。旅游、休闲、金融等服务也得到了快速发展，大大丰富了消费活动的内容，推进了现代服务业的发展，促进了消费结构的优化升级。

互联网特别是移动互联网的普及，为人们的生活方式以及消费行为注入了许多新的元素，进一步改变了人们的消费模式。特别是在全球新冠疫情反复延宕的背景下，以网络购物、直播、数字文化、在线医疗等为代表的数字消费新业态、新模式持续发展，数字化消费比重快速提升，已成为中国经济增长新旧动能转换的主要动力之一。截至2022年6月，我国网民规模达到10.51亿，互联网普及率升至74.4%，网民使用手机上网的比例为99.6%。互联网深度融入人民日常生活，网络购物用户规模不断上升。2022年我国网络购物用户规模达8.45亿人，占网民总人数的79.2%。较2021年的8.42亿人，同比增长0.35%。2022年，全国网上零售额达13.79万亿元，同比增长4%，其中实物商品网上零售额11.96万亿元，同比增长6.2%，占社会消费品零售总额比重的27.2%。其中，跨境电商发展迅速。海关数据显示，2022年我国跨境电商进出口额（含B2B）为2.11万亿元，同比增长9.8%。因此，网络零售作为打通生产和消费、线上和线下、城市和乡村、国内和国外的关键环节，在数字化消费增长中不断发挥积极作用。

（一）消费行为受时空限制较少

与实体经济消费相比，在移动互联网时代，消费者的消费行为具有更加随意的特征。这是由于手机、平板电脑等移动设备的使用往往不需要较为集中的时间，也不像实体经济一样需要有固定的消费店面和地点。因此，消费行为在时间、空间上受到的限制较少。只要消费者愿意，随时随地都可以进行网络消费，不必去商场挑选。

（二）消费便捷

在传统实体经济占主流地位的环境下，消费者要想消费，并挑选到质优价廉的产品，只能跑一家又一家的商场、店铺，因此会耽误很多时间。而在移动设备上通过移动购物平台可以很好地解决这一问题——消费者足不出户就可以挑选产品，货比多家，精心挑选，最终做出购物决策。网络消费的程序精简且耗时较短。

（三）可避开消费环境的干扰

线下实体店的消费环境往往会在一定程度上影响消费者的消费心理和行为。例如，消费环境的整洁程度、导购的态度等，都会直接影响消费者的消费心理和行为。而网络消费则为消费者提供了一个安静的消费环境，消费者可以在不受周围环境干扰的情况下独立自由地选购。

（四）冲动式消费增多

冲动式消费是指在偶然或突发因素的诱使下产生的无计划、无意识的消费行为。在传统购物模式中，由于消费者在购物过程中会考虑时间成本因素，所以，消费行为具有选择性、计划性。而在电商和网络消费环境下，消费者购物的时间成本被显著降低，电商平台上琳琅满目的产品不再相隔千里，再加上产品的式样繁多，消费者被吸引、产生消费欲望，因而冲动式消费显著增多。

（五）借助搜索引擎，轻松货比三家

在网络环境下，消费者几秒之内就可以搜索到所需产品的品牌、价格、外观、功能、特征等信息，借助搜索引擎，消费者无须走出家门就可做到货比三家，在大范围内比较和选择。例如，百度、搜狗、360等搜索引擎给消费者提供了海量的产品信息，淘宝、京东、苏宁购物等网络销售平台也提供了产品搜索业务，便于消费者挑选产品。

营销分析

"盒马鲜生"的新零售模式

2016年1月，阿里巴巴的自营生鲜类商超"盒马鲜生"在上海金桥广场开设了第一家门店，面积达4 500平方米，年平效（平效是每平方米营业面积产生的销售额，平效=销售

额/营业面积）高达5万元，是传统超市的3~5倍。盒马鲜生是阿里巴巴对线下超市完全重构的新零售业态，消费者可到店购买，也可以在盒马App下单，实现线上线下一体的全渠道融通。截至2022年6月，"盒马鲜生"在中国的自营盒马鲜生门店数量为300家，主要位于一、二线城市。

盒马鲜生是一家只做食品这个大品类的全渠道体验店。整个门店完全按全渠道经营的理念来设计，完美实现了线上线下的全渠道整合。

盒马鲜生凭借着集"生鲜超市+餐饮体验+线上业务仓储配送"于一体的开创性零售模式，让广大消费者得到了全新的购物体验。盒马鲜生的商品有生鲜、海鲜、3R产品（生食、熟食、半熟食）、无人售货商品（如使用自动比萨机、自动椰汁机销售）等。盒马鲜生门店内设餐厅区，顾客在店内选购了海鲜等食材之后还可以即买即烹，直接加工，现场制作，门店会提供厨房给消费者使用。这个做法深受消费者欢迎，提升了到店客流的转化率，带动了整个客流的高速增长。

除了在线下门店内"逛吃"，盒马鲜生的线上体验也同样不凡。通过电子价签等新技术手段，可实现线上线下同品同价；基于门店自动化物流设备，确保了门店的分拣效率。顾客使用App下单后，只要位于门店方圆3千米内，30分钟内即可送货到家。

这种商业模式完美诠释了马云对于新零售"线上+线下+物流"的最初构想，盒马鲜生利用大数据、移动互联、物联网等新兴技术，实现了"人、货、场"的最佳匹配。盒马鲜生不仅一出现便成了人们眼中的"网红店"，它还为传统超市的转型升级提供了参考样本。

盒马鲜生出现后，各路商家纷纷进入生鲜超市赛道，行业竞争也越来越激烈。例如，苏宁旗下的苏鲜生、美团旗下的小象生鲜相继开业；而诸如物美超市、王府井百货等老牌零售劲旅也先后推出了自有的生鲜品牌……悄然间，生鲜超市已成为新零售战场上的兵家必争之地。

分析：

（1）盒马鲜生是如何实现线下体验的？

（2）查阅更多资料了解盒马鲜生，分析其是如何实现全渠道整合的。

二、虚拟现实技术、人工智能带来全新的消费体验

传统的传播媒介，如电视、广播、杂志等，由于具有硬植入性，很容易被消费者忽略或招致消费者反感。而虚拟现实技术则是让消费者沉浸在商家设定的环境中，帮助消费者感受真实场景，并与消费者互动，从而最大限度地展现产品的魅力，引发消费者购买。

例如，不少汽车公司推出展厅式虚拟现实体验活动，消费者能在虚拟空间内行走，观看汽车，甚至能够试驾。又如，索尼影业在产品预售阶段，经常推出虚拟现实的应用来让消费者提前感受电影的震撼效果，如为了配合电影《云端行走》的宣传，推出了虚拟现实应用，让消费者体验在两栋大厦之间走钢丝的感觉。

又如，智能加油站从消费者进场、加油、支付、离场，没有一个服务员和收银员。第一步，汽车进场，自动识别车牌。开的什么车、支付宝或淘宝账户是哪个、应该加什么型号的油，全自动读取识别（事先需要在支付宝或淘宝绑定车辆）。第二步，完成停车，摄像头精确锁定汽车位置。第三步，搭载红外摄像头的"机器人"（一支机械臂）自动帮消费者打开油盖。第四步，自动选择汽油——加油——油满拧上油塞——关上油盖。第五步，直接开走，从支付宝或淘宝账户中自动扣款。这个加油站不用排队、不用动手、不用结账、没有收银员、没有现金。

京东无人超市

首先，刷脸进店，自动识别消费者身份，关联消费者的京东账户；其次，消费者自由、随意闲逛，没有导购员跟在后面热情推荐，留给消费者一定程度上私密选购的空间；再次，没有收银员，消费者将要买的东西放在结算台上，就能完成支付，自动识别、自动称重、自动算出价格，不用担心遇到情绪不佳的收银员影响购物心情；最后，出店也需刷脸，识别之后单击"开门"按钮，完成购物。整个过程没有导购员、收银员，从进店到出店消费者自助完成，一气呵成。京东无人超市实现了以下目标：

1. 无人超市颠覆了传统超市的经营模式，提供无人零售解决方案，并在全国范围内推广，实现零售行业全覆盖，共创双赢。

2. 利用京东自身大数据优势，为消费者提供更为人性化的服务，为连锁超市的发展提供强有力的运营决策支持。

3. 根据消费者历史的消费习惯为其提供适合的商品，提供个性化的商品推荐服务，提高顾客的满意度，也提高超市的整体收益。

4. 无人超市可以通过对消费者的购买信息、商品的销售进行记录整合，进而优化店内商品布局及品类选择。

5. 无人超市能够将整合的信息具体反映到无人超市的营销过程中，能够减少营销成本，达到最大化的精准营销。

分析：

京东无人超市是如何运营的？京东是如何实现智慧零售的？

三、App 为消费者提供了便捷的消费工具

受互联网等新技术驱动，人们的生活和消费方式与以往相比有了明显不同。消费者通过手机 App、网站、社交媒体、电子通信设备等可以获得海量产品和服务信息，在网上即可购买。近年来，应用软件迅速发展，已经涵盖了网上购物、交通出行、旅游娱乐、教育文化等方面，消费者可以通过 App，如淘宝、唯品会等进行产品预览、购物等。

例如，永辉生活 App 是永辉新零售品质商品和全新消费体验的网上服务平台，整合永辉旗下超级物种、永辉生活、Bravo 等业态，为消费者提供安全健康的新鲜食材和品质商品，创造线上线下一体化的惊喜消费体验。永辉生活 App 既能在旗下各业态门店内实现购买、支付等自助化、智能化消费，又能在网上下单并将商品配送到家，且全场满 18 元包邮、最快 30 分钟送达、提供网上会员专享价。目前，永辉生活 App 已开通上海、北京、深圳、福州、成都、南京、杭州、厦门等城市服务。

又如，某家居品牌 App 中应用了虚拟现实技术，让消费者在家就能看到家具摆放在自己家里的效果，或在商场工作人员的帮助下，在计算机上建立住宅的三维模型，并根据自己的喜好将家居商品放在模型中。该家居品牌 App 还能够动态展示甚至直接生成系列图纸和购物清单，让消费者轻松实现低风险购物。

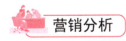

餐饮企业海底捞手机 App 的应用

2013 年，随着移动互联网的迅猛发展，餐饮业掀起了手机应用程序的应用热潮。以服务好著称的海底捞火锅也拥有了属于自己的手机订餐 App。用户只需在手机上下载一个海底捞手机 App，注册和登录后即可在线查询海底捞门店的位置、预订座位、点餐、了解促销活动等，并能即时同步到社交网站，分享心得和感受。餐饮业手机 App 一方面很好地为消费者提供了便利，使其能直接掌上订餐；另一方面，有效降低了餐饮企业的管理成本，提高了品牌形象，可吸引更多的消费者就餐消费。

分析：

（1）除餐饮业外，你见过的手机 App 还主要应用在哪些行业？

（2）分析讨论手机 App 还有哪些应用为消费者提供了便捷的消费服务。

四、移动支付让支付更加轻松快捷

移动支付俗称手机支付，是指以手机、掌上电脑（Personal Digital Assistant，PDA）等移动终端设备为载体，对所消费的产品或服务通过移动通信网络实现账务支付的一种方式。

目前，移动支付已经渗透到生活的各个角落，悄无声息地改变了消费者的生活方式。消费者，特别是年轻消费者，更愿意选择支持移动支付的商家购买商品。例如，在餐厅就餐时，消费者可以直接扫桌面上或菜单上的二维码，实现自助点餐、买单，也可以在聚会时直接使用移动支付进行 AA 制付款。外出逛街时，移动支付大大加快了结账速度，也提升了消费者的购物体验。

现代人的生活写照是"出门可以不带钱包，但是不能不带手机"，无论是商场、便利店、餐厅、药店还是公共交通售票点，都已实现移动支付，只需要一部智能手机就可以完成购买。移动支付不仅使我国进一步向无现金社会发展，而且由于移动支付不具备现金交易的"充实感"，人们在移动支付过程中的交易额往往较高。这是因为，人们在使用移动支付的过程中，无法感知资金的流出，所以，在一定程度上促进了市场消费。移动支付在给生活带来便利的同时也培养了消费者小额、高频移动支付的习惯。

移动支付基础功能包括收付款、转账汇款、充值还款等，还包括生活缴费、保险理财等，它不仅方便了消费者日常支付，而且还方便了消费者的金融保险产品消费，使消费者理财业务从线下开始向线上转移。近年来，消费金融产品层出不穷。如"蚂蚁花呗""京东白条"等，它们在支付宝、微信等互联网终端建立了用户连接，这对工作人群与大学生极具吸引力。但一些金融类 App 使透支消费和借贷消费成为部分年轻人生活的常态，造成大量的跟风消费和非必要消费。

营销分析

典型的第三方支付平台——支付宝

支付宝最初由阿里巴巴公司创办，2004年12月独立为浙江支付宝网络技术有限公司，成为阿里巴巴集团的子公司，是一家国内领先的独立第三方支付平台。支付宝官网数据显示，目前，支付宝和数字钱包伙伴共同服务全球约13亿用户。

1. 支付宝的支付方式

（1）支付宝账户余额。当客户的支付宝账户中有余额时，客户输入支付密码后可用余额进行支付。

（2）网上银行。客户不用前往银行柜台，就可以享受全天候、跨地域的银行服务。

（3）银行卡快捷支付。客户无须开通网银即可绑定银行卡，且支付时不受支付额度的限制，与手机绑定验证是一种安全、便捷的支付方式。银行卡快捷支付包括信用卡和借记卡（储蓄卡）快捷支付。

（4）余额宝。余额宝是余额理财工具，其中的资金可随时转出或用于消费，客户转入余额宝的资金可以获得收益。

（5）花呗。花呗是由蚂蚁金服提供给消费者"这月买，下月还"的网购借款服务。消费者可以免费使用消费额度购物，还款方便，并可使用支付宝自动还款。

（6）生物支付。①指纹支付。一般在计算机端会关闭此功能，客户在手机端开启指纹支付后即可使用该功能。②刷脸支付。刷脸支付无须使用手机，消费者通过商家支付宝设备屏幕上的摄像头即可在10秒内完成刷脸支付。也就是说，支付时消费者只需要面对商家POS机屏幕上的摄像头，系统会自动将消费者面部信息与个人支付宝账户相关联，整个交易过程十分便捷。

（7）智能设备支付。将手机绑定智能手表、手环、智能卡等智能设备就可以进行支付。绑定的步骤：登录支付宝→在右下角点击"我的"→在右上角点击"设置"→选择"支付设置"→选择"智能设备"→添加设备→选择需要绑定的设备，绑定成功。在支付时将智能设备上的付款码给收银员扫一扫就可完成付款。

（8）找朋友帮忙付。找朋友帮忙付可以通过手机号快速查找付款人、发送给支付宝好友、发送给通讯录好友、当面扫码等方式找朋友进行支付。

除了以上支付方式外，支付宝还可以通过话费充值卡、支付宝卡、货到付款等方式完成支付。目前，支付宝已发展成为融合支付、生活服务、政务服务、社交、理财、保险、公益等多个场景与行业的开放性平台。

分析：

支付宝作为典型的第三方支付平台，该如何提升安全性，杜绝安全隐患呢？

议一议

请以小组为单位，举例说明技术进步对消费者行为的影响。

知识与技能检测

【同步测试】

一、单项选择题

1. 消费品中的便利品一般单价较低、体积不大，消费者喜欢就近购买，下列（　　）不属于便利品。
   A. 肥皂　　　　　　B. 牙膏　　　　　　C. 盐　　　　　　D. 汽车

2. （　　）的消费者在选购商品时，会更多地从经济的角度出发，对商品的价格非常敏感。
   A. 习惯型　　　　　B. 经济型　　　　　C. 冲动型　　　　D. 情感型

3. 马斯洛需要层次理论中，（　　）是最高级的需要层次。
   A. 生理需要　　　　B. 安全需要　　　　C. 自我实现的需要　　D. 尊重需要

4. 消费者购买决策过程的参与角色中，（　　）是最先建议或想到购买某种产品或服务的人。
   A. 发起者　　　　　B. 决策者　　　　　C. 购买者　　　　D. 使用者

5. 消费者对得到的信息进行分析、整理、比较，从质量、效用、款式、价格、品牌、售后服务等方面对各种商品进行评价，确定购买意向。以上内容属于消费者购买决策过程中的哪个阶段？（　　）
   A. 认知需要　　　　B. 收集信息　　　　C. 选择评价　　　　D. 购后行为

二、多项选择题

1. 按照消费者的购买习惯，可以将消费者市场中的消费品分为（　　）。
   A. 便利品　　　　　B. 选购品　　　　　C. 易耗品　　　　D. 特殊品

2. 按消费者购买目标的选定程度可以将消费者划分为（　　）。
   A. 全确定型　　　　B. 半确定型　　　　C. 不确定型　　　　D. 经济型

3. 根据消费者行为的复杂程度（所花时间、精力及谨慎程度）和所购商品本身的差异性大小，可将消费者购买行为划分为（　　）。
   A. 复杂型购买行为　　　　　　　　　　B. 和谐型购买行为
   C. 习惯型购买行为　　　　　　　　　　D. 多变型购买行为

4. 消费者对商品信息经过分析评价后，就进入决定购买阶段。一般来说，消费者有以下三种性质的购买行为：（　　）。
   A. 试购　　　　　　B. 重复购买　　　　C. 拒绝购买　　　　D. 连锁购买

5. 消费者的信息来源一般来自（　　）这几个渠道。
   A. 个人　　　　　　B. 商业　　　　　　C. 公共　　　　　　D. 经验

三、判断题

1. 消费者市场是现代市场营销研究的主要对象,是一切市场的基础。（ ）
2. 研究分析消费者行为类型,必须结合企业活动的现实环境,结合消费者的言行特点,以及他们对商品的心理反应等方面进行具体的分析,并随时采取相应的措施。（ ）
3. 家庭是社会组织的一个基本单位,也是消费者的首要相关群体之一,对消费者购买行为具有重要影响。（ ）
4. 不同年龄的消费者,其购买方式也各有特点,中老年容易出现冲动性购买;青年人更注重产品实用性和方便性,偏理性消费等。（ ）
5. 消费者以个人为单位购买时,参与者的五种角色不能同时由一个人担任。（ ）

四、填空题

1. 在购买行为模式中,"营销刺激"和各种"外部刺激"是可以看得到的,消费者最后的决策和选择也是可以看得到的,但是消费者如何根据外部的刺激进行判断和决策的过程却是看不见的。这就是心理学中的所谓"_____"效应。
2. _____和_____,是购买决策过程的中心环节。
3. 消费者对购买后的商品产生的购后行为通常包括_____和_____两个方面。

五、名词解释

1. 消费者市场
2. 相关群体
3. 移动支付

六、问答题

1. 消费者市场具有哪些特点？

2. 请分析影响消费者购买行为的主要因素。

3. 网络消费具有哪些特点？

【综合实训】

初探消费者购买行为

[实训目的]

1. 学会对所调查商品的购买者、购买目的、购买地点、购买时间等进行分析。
2. 训练学生市场调研的计划、组织和实施能力。
3. 锻炼学生分析消费者行为的能力。

[实训要求]

1. 选择一种产品类型,可以是化妆品、饮料、洗发水、鞋、服装、快餐、空调、手机等。

2. 到能够买到以上商品的商店(最好选择不同类型的商店),根据具体情况,选择不同类型的消费者(如按年龄划分,可分为老年、中年、青少年、儿童四类;按性别划分,可分为男性、女性)进行认真观察,着重调查研究消费者购买行为的七个重要问题,对问题中不能通过观察得到的结果,可以现场访问顾客或营业员,也可自己进行分析得出结论,尽可能得到较为准确的回答,保证任务单的调查结果真实有效。

3. 记录商店的零售环境,结合消费者购买行为模式的外部刺激因素,观察商店有哪些因素会对消费者产生营销刺激,消费者对营销刺激的反应如何。注意观察商场的营业员接待顾客所采用的方法是否恰当。

[实训步骤]

1. 根据教学班级人数确定学习小组(5~8组为宜),每组6~8人。
2. 小组讨论选出组长,并分工进行文献研究,联系企业进行实地调查收集资料。
3. 以小组为单位组织研讨,形成小组的课题研究报告,并制作PPT进行汇报。
4. 同学互评和教师点评,然后综合评定本次各小组及成员的实训成绩。

[实训考核]

1. 实训准备工作。(10分)
2. 各组在本次实训的组织、分配、管理等过程中的表现。(20分)
3. 各组提交的实训报告的质量和汇报PPT的演示效果。(50分)
4. 学习小组的团队合作精神。(10分)
5. 同学互评,教师点评。(10分)

项目总结

通过对本项目的学习,我的总结如下:

一、主要知识

1.

2.

3.

4.

二、主要技能

1.

2.

3.

4.

三、成果检验

1. 完成任务的意义有:

2. 学到的知识和技能有:

3. 自悟到的知识和技能有:

4. 你对数字化消费行为趋势发展的判断是:

项目三
市场调研与分析

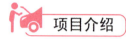

任何企业都是在一定的市场营销环境之中运营的。而企业的市场营销活动，必然会受到市场营销环境现状及趋势的影响。因此，市场营销环境是企业营销活动的出发点、依据和最基本的制约性条件。市场环境的变化，既会给企业带来有利于发展的市场机会，也会给企业带来不利于发展的环境威胁，市场营销活动就是适应环境变化并做出积极反应的动态过程。企业必须根据市场营销环境的变化制定出相应的对策，实现更理想的营销目标。

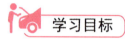

知识目标
➢ 熟悉市场营销环境的概念；
➢ 掌握市场营销环境分析的方法；
➢ 学会选择正确的方法开展市场调查；
➢ 理解并掌握 SWOT 分析法、市场细分和目标市场的概念；
➢ 掌握目标市场选择及目标市场战略选择。

能力目标
➢ 能够分析企业的市场营销环境对企业营销活动的影响；
➢ 能够在市场环境分析的基础上发掘市场机会；
➢ 能够进行简单的市场调研和市场预测；
➢ 能够运用适当的目标市场策略进入目标市场。

素质目标
➢ 具有良好的沟通表达能力；
➢ 具有团队合作精神和创新能力；
➢ 具有良好的学习能力和思辨能力。

学习计划

	任务内容	市场营销环境分析	市场调研的实施	目标市场确定
课前预习	预习时间			
	预习结果	1. 难易程度 ○偏易（即读即懂）　　○适中（需要思考） ○偏难（需查资料）　　○难（不明白） 2. 问题总结		
课后复习	复习时间			
	复习结果	1. 掌握程度 ○了解　　○熟悉　　○掌握　　○精通 2. 疑点、难点归纳		

任务实施

任务一　市场营销环境分析

适者生存，不适者淘汰。

案例导入

下雨就要打伞——营销环境扫描

一大早，有大批记者来到某公司总部。宋先生刚步入大门，来自各家媒体的镁光灯就开始闪个不停。在采访中，有一个年轻的记者穿过人墙，终于找到一个提问的机会："宋经理，您能谈谈，贵公司为什么能得以高速发展吗？"突然被问及这个问题，宋先生沉默了一会儿，然后微笑着反问道："如果下雨了，你会怎么办？"这个记者根本没想到宋先生会这样反问自己，不免有些吃惊，犹犹豫豫地说出了自己的答案："唔，当然是要打伞啊！""是啊，下雨就要打伞，这就是我使企业经营上轨道的秘诀。"宋先生满意地笑了起来。这个回答显然让记者傻了眼：下雨就要打伞也能算是经营秘诀？回到报社以后，记者把自己的疑问告诉了资深的老主编。"呵呵，小伙子！"老主编拍了拍年轻记者的肩膀，"下雨就要打伞，刮风就要加衣，遮阳就要戴帽。CEO每天都在'看天气'，随时随地根据环境的变化来调整自己的对应策略，不就是这个道理吗？"

多年之后的宋先生仍然这么想："只要懂得下雨时打伞，就不会被淋湿。"这是顺应环境的态度，也是企业发展的秘诀。

【案例分析】

（1）该企业经营成功的秘诀是能随时研究市场营销环境，并根据营销环境的变化及时调整企业的经营对策。

（2）案例中的"天气"是指市场营销环境，它由宏观环境与微观环境因素构成。其中宏观环境包括政治、法律、经济、自然生态、科学技术、人口和社会文化；微观环境包括供应商、营销中介、顾客、竞争者与公众。

（3）如果企业所面临的市场营销环境发生了变化，企业应重视对环境趋势的监视与预测。

一、了解市场营销环境

查理·达尔文在1859年出版的《物种起源》一书中，提出以自然选择为基础的生物进化论学说，指出事物发展与环境变化的关系是"适者生存，不适者淘汰"。这个论断不仅适用于生物界，也适用于社会的发展，企业的营销活动更是如此。任何一个企业都受着各种外部环境因素的影响。以一个民办幼儿园为例，它将受到一系列外部因素的影响，包括：员工的招聘、培训与登记；社区其他公办幼儿园的竞争；社区失业和在职幼儿父母的数量；气候；地区对儿童教养的信念与态度；有关建筑物安全防范措施、健康和卫生标准；等等。此外，该幼儿园还要受诸多公众的影响。它需要与食物供应商、清洗服务商、股东等打交道。

由此可见，企业的营销活动是在一定的外部环境因素之中进行的，这就是企业的市场营销环境。市场营销环境是指一切影响和制约企业市场营销决策与实施的内部条件和外部环境的总和。企业对于环境因素的影响应顺潮而动，要不然就有可能像自然界的恐龙一样，由于不能适应环境的变化而被淘汰。

（一）市场营销环境的分类

根据影响力的范围和作用方式，市场营销环境可以分为微观营销环境和宏观营销环境。微观营销环境是指与企业紧密相连、直接制约和影响企业营销活动的各种力量和因素的总和，主要包括供应商、营销中介、顾客、竞争者及公众，由于这些环境因素对企业的营销活动有着直接的影响，所以又称为直接营销环境。

宏观营销环境是指企业无法直接控制但应尽量去适应的因素，通过影响微观环境来影响企业的营销活动，它包括经济、政治、法律、社会文化、人口、科学技术及自然生态等因素。由于这些环境因素对企业的营销活动起着间接的影响，所以又称为间接营销环境。宏观环境因素制约着微观环境因素，后者又影响着前者。

与营销环境保持协调是企业生存与发展的必要条件，是企业竞争力的首要体现。所以，企业必须重视对市场营销环境的研究，重视环境趋势的监视和预测，适时、适度调整自身的市场营销策略和市场营销组合因素，适应环境的变化，使自身获得生存和发展。这也是企业应变能力的体现。

（二）市场营销环境的特点

1. 差异性

市场营销环境的差异性不但表现在不同企业受不同环境的影响，而且同一种环境因素的变化对不同企业的影响也不相同。因此，企业为应付环境的变化所采取的营销策略也不同。

2. 多变性

构成企业营销环境的因素是多方面的，每个因素又都随着社会经济的发展而不断变化。这就要求企业根据环境因素和条件的变化不断调整其营销策略。

3. 相关性

营销环境不是由某个单一的因素决定的，而是要受一系列相关因素影响。

4. 目的性

企业研究营销环境，其目的是为了适应不同的环境，从而得到生存和发展。

5. 客观性

市场营销环境作为一种客观存在，有着自己的运行规律和发展趋势，不以企业的意志为转移，但企业可以主动适应环境的变化和要求。

二、分析市场宏观营销环境

宏观环境又称为营销大环境,是企业营销活动的大社会背景。由于宏观环境对企业来说是不可控的因素,因此,对它分析的目的在于更好地认识环境,通过企业营销努力来适应环境及变化,达到企业营销目标。对宏观环境的分析主要包括六个因素。

(一)政治、法律环境

政治环境是指企业进行营销活动时所面临的外部政治形势及国家方针政策。国家通过正确的路线、方针、政策来指引企业的经营方向,企业的活动要受到国家各项方针政策的制约。因此,政治环境对市场状况有着决定性的影响,企业应善于分析政治形势及政治环境对企业市场营销活动产生的影响。

法律环境是指国家及省、自治区、直辖市颁布的各项法律、法规、法令、条例等。对企业来说,法律是企业营销活动的准则,尤其是有关经济的法规,规范着企业的行为,制约和影响企业的营销活动。国家法律的职能就是根据国家政策和社会公众的利益,监督企业的经济行为,接受消费者投诉,维护消费者利益。只有依法进行营销活动才能受到国家法律的保护,否则将会受到处罚。

(二)经济环境

经济环境是指企业进行营销活动时所面临的外部社会经济条件。它对企业营销活动的影响更为直接,是企业开展营销活动的基础。企业营销人员研究的经济环境主要包括国家经济发展战略及经济发展状况、消费者收入、支出及储蓄、信贷等。

1. 国家的发展战略

国家的发展战略是企业营销决策时必须考虑的因素。企业要根据国家在一定时期内的战略目标、战略重点、战略对策等,来研究制定本企业的发展方向和具体营销策略。

2. 消费者的收入

消费者的收入对销售者来说是一个很重要的问题。因为即使企业的产品符合消费者需要,而消费者无力购买,这些产品的价值就可能不大。消费者的收入包括总收入、个人可支配收入、个人可自由支配收入三部分,如表3-1所示。

表 3-1 不同消费者收入比较

消费者收入	基本概念	强调要点
总收入	个人或家庭在一个年度内从各种来源获得的或应计的货币总额	是购买力的基础
个人可支配收入	个人收入减去税款和非税性负担后的余额	可供个人花费和储蓄的部分
个人可自由支配收入	从个人可支配的收入中再减去维持生活所需要的费用后的余额	一般用于奢华或享受型商品,是影响商品销售的最重要的因素

消费者收入的多少直接影响着购买力水平的高低,决定着市场容量和消费者的支出模式。企业要密切关注消费者的收入,尤其要关注消费者的个人可自由支配收入。

3. 消费者的支出和消费结构

消费结构是一定时期内人们所消耗的各种消费资料（包括劳务）的构成，即各种消费支出占总支出的比例。随着消费者收入的变化，消费者支出模式和消费结构也会发生相应的变化。这种变化常用恩格尔系数反映。恩格尔系数是指食品支出总额与家庭消费支出总额的百分比，用公式表示：

$$恩格尔系数(\%) = 食品支出总额/家庭或个人消费支出总额 \times 100\%$$

恩格尔系数表明，在总支出金额不变的条件下，恩格尔系数越大，说明用于食物支出的所占金额越多；恩格尔系数越小，说明用于食物支出所占的金额越少。因此，恩格尔系数被作为衡量一个家庭或一个国家富裕程度的主要标准之一。一般来说，恩格尔系数越高，则家庭的生活水平越低，作为国家来说则表明该国较穷。反之，恩格尔系数越低，则家庭的生活水平越高，作为国家来说则表明该国较富裕。可见，恩格尔系数与生活水平成反比。

联合国粮农组织提出了一个划分贫困与富裕的标准，即恩格尔系数在59%以上的为绝对贫困，50%~59%的为温饱，40%~50%的为小康，30%~40%的为富裕，30%以下的为最富裕。

消费结构是产业结构与产品结构优化的依据，是企业开展市场营销活动的立足点。随着我国社会主义市场经济的发展和改革的深入，人们收入水平和消费水平有了较大的提升，消费模式和消费结构都会发生明显的变化。企业要重视这些变化，尤其应掌握拟进入的目标市场中支出模式和消费结构的情况，以适销对路的产品和劳务来满足消费者不断变化的需求。

4. 消费者的储蓄和信贷

消费者的购买力还受到储蓄和信贷的影响。消费者的储蓄反映消费者潜在的购买力。企业营销人员应当了解消费者的储蓄情况，了解消费者储蓄目的，制定不同的营销策略，为消费者提供有效的产品和服务。

所谓消费者信贷，就是消费者凭信用先取得商品使用权，然后按期归还贷款，以购买商品。这实际上就是消费者提前支取未来的收入，提前消费。消费者信贷主要有短期赊销或采用分期付款方式购买住宅、汽车等。分期付款、信用卡信贷等消费信贷形式的出现，大大刺激了消费，推动了经济的发展。

（三）人口环境

人口环境是指人口的数量、年龄结构、地理分布、婚姻状况、出生率、死亡率、人口密度、人口流动性及其文化教育程度等因素。市场是由那些对商品有需求、有能力购买的人组成的。人口环境是影响企业营销活动的重要因素，并直接影响企业的市场营销活动和企业的经营管理。人口环境主要包括以下几个方面：

1. 人口总量

在收入水平一定的条件下，一个国家的人口总量决定着市场容量的大小。企业对人口环境分析，特别是对目标市场人口总量的测定会对企业经营规模起到决定性的作用。

2. 人口的增长率

一方面，随着人口的增加，其消费需求也会迅速增加，市场的潜力也会增大。例如，随着人口的增长，能源供需矛盾将进一步扩大，节能产品市场迎来机会。另一方面，人口迅速增长也会给企业营销带来不利的影响。例如，人口增长可能导致人均收入下降，限制经济发展，从而使市场吸引力降低。

3. 人口的结构

人口的结构主要包括人口的年龄结构、性别结构、家庭结构、社会结构以及民族结构等。不同年龄、性别的消费者在消费需求、购买习惯与购买行为上存在着差异。家庭是购买、消费的基本单位，家庭的数量直接影响到某些商品的需求量。我国的发展趋势也是户均人口减少，家庭数量在不断增加。这必然会引起对炊具、家具、家用电器和住房等需求的迅速增长。

> **议一议**
>
> 我国步入21世纪后，人口老龄化问题在大中城市日益突出。请以小组为单位，试列举出这一变化所带来的市场机会。

4. 人口的地理分布

人口的地理分布是指人口在不同地区的密集程度。人口的密集程度不同，则市场大小、消费习惯、市场需求特性也不同。随着经济的发展，我国人口流动性越来越大。对于人口流入较多的地方而言，一方面，劳动力增多，就业问题突出，行业竞争加剧；另一方面，人口增多也使当地基本需求量增加，消费结构也会发生一定的变化，继而给当地企业带来较多的市场份额和营销机会。企业要关注人口流动形成的新消费群体的需求。

（四）社会文化环境

社会文化是指一个社会的民族特征、价值观念、生活方式、风俗习惯、伦理道德、教育水平、语言文字、社会结构等的总和。生活在不同的社会文化背景中的人们，对产品的需求会产生很大的差异，这是营销人员必须考虑的一个重要因素。社会文化环境具体包括以下几个方面：

1. 宗教信仰

一代代沿袭与继承的宗教信仰会影响、制约着人们的消费行为和消费内容，企业营销人员要了解目标市场消费者的宗教信仰状况，要重视不同的宗教信仰和禁忌，有针对性地设计营销方案开展营销活动。

2. 风俗习惯

风俗是世代相袭固化成的一种风尚。习惯是由于重复某种行为而形成了一种固定的行为方式。不同风俗习惯使消费者会有不同的商品需求。研究消费习俗，不但有利于组织消费用品的生产与销售，而且有利于正确、主动地引导健康的消费。因此，企业营销人员要深入了解目标市场消费者的消费习俗，充分利用他们的民俗文化，生产适销对路的产品。

3. 价值观念

价值观念就是人们对社会生活中各种事物的态度和看法。生活在不同文化背景下的人们，其价值观念会有很大的差别，消费者对商品的需求和购买行为深受价值观念的影响。对于不同的价值观念，企业的市场营销人员应该采取不同的策略。在定价、市场容量测算、确定产品策略等方面，要与目标市场消费者的价值观念相符，才能抓住市场机会。

> **素质提升小课堂** ——— **正确的价值观**
>
> 价值观是基于人的一定的思维感官而做出的认知、理解、判断或抉择，也就是人认定事物、辨别是非的一种思维或取向，从而体现出人、事、物一定的价值或作用。用正确的人生价值观指导自己的人生，要求我们在处理个人与他人的关系时，应当遵循"我为人人，人人为我"的原则。我们应该在工作生活中，积极认真，努力为人类创造物质财富和精神财富，为他人、为社会做贡献。社会的物质财富和精神财富的丰富和发展，也为我们自身的完善和发展创造了必要条件。

（五）自然环境

自然环境是指影响企业营销的自然资源、气候、地理位置、交通条件、环境污染等。自然环境是人类最基本的活动空间和物质来源。自然环境的发展变化会给企业带来一些市场机会或环境威胁。

1. 企业经营成本的增加

自然资源日趋枯竭和开采成本的提高，必然导致生产成本提高。另外，环境污染造成的人类生存危机，使得人们对环境的观念发生改变，环保日益成为社会主流意识。企业不仅要担负治理污染的责任，还必须对现有可能产生污染的生产技术和所使用的原材料进行技术改造，而这不可避免地加大了企业生产成本。

2. 新兴产业市场机会增加

一方面，为了应对环境变化，企业必须寻找替代能源以及各种原材料，替代能源及材料生产企业面临大量的市场机会；另一方面，环保型材料和各种治理污染的设备生产企业也随着人们环保意识的增强和治理污染的各种立法，给污染控制技术及产品，如清洗器、回流装置等创造了一个极大的市场，促使企业探索其他不破坏环境的方法去制造和包装产品。

（六）科学技术环境

科学技术是社会生产力新的和最活跃的因素，今天人类社会正处于技术变革的时代，每一项新技术都是一种"创造性破坏"的力量。作为营销环境的一部分，以人工智能、物联网、云计算、生物技术等为代表的新科技革命蓬勃兴起，对企业产生着巨大的影响。科技环境不仅直接影响企业内部的生产和经营，还同时与其他环境因素互相依赖、相互作用，特别与经济环境、文化环境的关系更紧密，尤其是新技术革命，给企业市场营销既造就了机会，又带来了威胁。例如，一种新技术的应用，可以为企业创造出明星产品，产生巨大的经济效益，也可以使企业的某一传统优势产品退出市场。新技术的应用还会引起企业营销策略、经营管理方式以及消费者购物行为发生变化。

新媒体时代的来临，让以互联网和手机为信息载体的新媒体快速发展，人们步入全方位的感官传播时代。新媒体在改变人们的视听方式与视听习惯的同时，也在潜移默化地改变着企业营销环境。准确把握外在环境的转变特征与发展趋势成为各企业提高营销效果的关键所在。新媒体环境下，企业营销环境呈现出以下特征：

1. 顾客由"大众"转向"小众"

随着新媒体技术的发展，市场竞争的进一步加剧，消费者在购物选择中更加依赖个人的偏好需求，企业不能再实行漫天撒网式的全面营销策略，大众营销时代已成为过去。整合营销时代的来临，要求企业对消费者进行小众的精准化营销，乃至一对一的营销。

2. 分销渠道由"简单"转向"多样"

随着电子商务的发展，营销渠道开始由一元走向多元、由简单变得多样。网络可以把制造或零售商直接与最终消费者连接起来，并提供相应的信息或产品服务。

3. 信息沟通由"单向"转向"互动"

新媒体的大量出现，颠覆了传统媒体时代传播者对传播过程及其信息主动权的垄断控制。以Web2.0为平台的社会性网络媒体涌现出大量的商业博客、微博、专题论坛或专题门户网站，通过这些社会化网络媒体，消费者可以彼此进行信息的互动与分享，商家也可及时通过网络与消费者个体或群体进行互动和沟通，在信息沟通与传播的过程中，消费者与企业既是信息的发布者同时也是接受者，平等的沟通方式，改变了传统媒体时代企业与消费者的关系，以及消费者对企业信息的态度，达到了很好的信息传播与沟通效果。

4. 企业由"注意力经济"转向"联结价值"

面对互联网所提供的海量信息，企业单靠轰炸式广告提供信息去吸引受众的注意力，无疑需要付出高昂的成本。在网络上，企业可直接与消费者进行互动与联系，生产者、消费者、分销商、零售商等每个人、每个群体在网络上都是一个连接的点，这为企业与客户提供了一个更加人性化、灵活、及时的交流与沟通平台。实现与客户的互动，有助于发展长远的客户关系、以提高客户忠诚度，实现企业市场营销的最大价值。

三、分析市场微观营销环境

微观环境是指环境中直接影响企业营销活动的各种因素。它是与企业市场紧密相关、直接影响企业市场营销能力的各种因素，包括供应商、营销中介、顾客、竞争者和公众。与宏观环境因素相比，微观环境对企业营销活动的影响往往更直接、更具体，相对来说可控性强一些，但并不是所有的因素都可控。

（一）供应商

供应商是向企业及其竞争对手供应各种资源的企业、个人和组织。供应商所提供的资源主要包括原材料、能源、设备、劳务、资金等。供应商供货质量水平直接影响到企业产品的质量，供货的价格水平直接影响到企业的销售量和利润，供货的稳定性与及时性影响着企业能否按期交货。因此，营销人员对供应商要有充分认识，并采取各种办法，力求降低采购成本，尤其是要使自己的供应商多样化。

（二）营销中介

绝大部分生产企业都不可能自己独立完成产品从生产到消费的全过程，他们必须借助于营销中介，主要包括代理商、批发商、零售商和一些辅助商，来完成生产和营销的任务。这些营销中介在生产者和最终用户之间，有着各自的名称与功能。

（三）顾客

顾客是指企业产品或服务的购买者，是营销活动的对象。顾客需求是企业生存的源泉，是企业营销活动的起点，也是营销活动的终点。因此，顾客是企业最重要的环境因素。企业要详细分析目标顾客的特点，了解顾客的购买目的、购买规律、购买方式、购买用途，了解潜在顾客的需求及对企业产品的意见和建议。

顾客可以是个人或家庭，也可以是生产企业，还可以是为了转卖获利的中间商，或是政府机构、社会团体等。

素质提升小课堂　　　　　　　　　　　公平竞争

公平竞争是指竞争者之间所进行的公开、平等、公正的竞争。公平竞争对事物的发展具有重要的作用，可以调动参与者的积极性，使得他们不断增强自身的竞争力，推动整个行业乃至社会的进步。运动的竞争让人们不断创造新的纪录，不断打破人类极限，获得快乐与信心；商界的竞争促使产品质量更好，价格更低，消费者获得更多利益；科学的竞争让世界文明不断进步，让人们更多地了解与利用未知的事物，使人类获得更多的自由。

（四）竞争者

竞争者是指在市场中同行业、不同行业潜在的、现实的竞争者的总和。这里特别要指出的是，企业的竞争者不仅仅来自同行业，一些行业外的企业生产的替代产品也可能参与竞争。企业的营销活动总是在竞争者的包围与制约下进行的。企业的竞争者一般有以下几种类型：

1. 愿望竞争者

提供不同产品、满足不同需求的竞争者。如一个消费者有了一定的可自由支配的收入，既想购买电视，又想购买冰箱或其他家电，那么，这些家电制造企业之间就在家电市场上形成竞争关系，它们互为愿望竞争者。

2. 平行竞争者

生产满足同一种需求的不同产品的厂商。如自行车、电动车或摩托车都可以作为代步工具，这些产品的生产经营者之间就是平行竞争者。

3. 产品形式竞争者

提供同一种需求的不同产品形式的竞争者。如果消费者想买一辆自行车，他会考虑买哪种型号的自行车：是轻便的还是加重的？是山地车还是赛车？

4. 品牌竞争者

满足同一种需求的同种形式产品的不同品牌之间的竞争者。如购买自行车时,会考虑买"凤凰"牌、"永久"牌还是"捷安特"牌等,这就是品牌竞争者。

在各种不同的竞争者中,企业应特别注意判断、研究主要竞争者。从产品、生产过程、采购、目标市场、销售情况、服务水平、账务状况以及综合实力等方面进行分析,以便有针对性地开展企业的营销活动。

(五)公众

公众是指对企业经营活动有实际的或潜在的兴趣和影响的团体。公众的内涵相当广泛,主要有以下五种:

1. 企业内部公众

企业内部公众包括企业内部所有管理者及员工。内部公众的态度会影响到外部公众,搞好内部公众关系是搞好外部公众关系的前提。

2. 媒体公众

媒体公众是指和企业有联系的外界的大众媒体,包括报纸、杂志、广播、电视、互联网等。这些媒体公众对企业的声誉起着举足轻重的作用。

3. 政府公众

政府公众是指负责管理企业业务经营活动的相关政府机构,如财政、税务、市监、卫生防疫等。

4. 金融公众

金融公众是指影响企业获得资金能力的任何团体,如银行、信托投资公司、证券经纪商、保险公司等。

5. 社会公众

社会公众主要包括企业周围的居民和社区组织、消费者协会、环境保护组织等。

公众对企业的生存和发展具有巨大的影响,企业必须采取积极适当的措施,主动处理好同公众的关系,树立良好的企业形象,使公众舆论向有利于企业的方向发展。

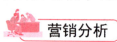

营销分析

走出困境的成功转型

20世纪90年代初,单层直销模式进入中国并取得了成功。与此同时各地"老鼠会"打着直销的旗号在全国兴风作浪,规范的直销公司与非法"老鼠会"鱼龙混杂,一时间传销遍布大街小巷。"老鼠会"的异常猖獗,不仅扰乱了市场秩序,引起了消费者强烈不满,更是引发了社会问题,甚至成为一种非法融资的诈骗活动。1998年4月21日,《国务院关于禁止传销经营活动的通知》正式出台,这无异于给正处于事业大发展时期的安利公司当头一棒,公司顿时面临生死存亡的艰难抉择。经过公司的不懈努力,中国政府经过三个月的研究,于1998年7月21日特批了该公司采用"自设店铺+雇用推销人员",保留了直销核心理念的经营模式转型经营。

转型之后，由于原有销售模式的终止及政策方面的影响，1998年公司销售额曾急剧下滑。1999年，安利提出了多项振兴计划：如建立了58家专卖店；产品明码标价，顾客看得见摸得着，从根本上废除层层加价的传销方式；把部分产品的价格下调30%；调整销售佣金的相对净营业额，雇用营业代表推广产品；引进营业主任和营业经理称号等。与此同时，依靠8折优惠模式吸引大量的长期顾客，公司业绩开始复苏。至2000年，业绩取得突飞猛进的发展，达到24亿元的销售额，比转型前几乎多了一倍。2013年，公司的销售额近293亿元人民币。

"自设店铺+雇用推销员"的模式，使公司既保持了自己的特色，又适应了中国的国情。

分析：

(1) 该公司的哪些营销环境发生了变化？

(2) 该公司在中国市场获得经营成功的原因是什么？

任务二　市场调研的实施

> 市场调查不仅是科学，同时也是一项艺术。

 案例导入

垃圾中的市场信息

某大型超级商场曾对垃圾进行过研究。在垃圾堆中，挑选数袋，然后把垃圾的内容依照其原产品的名称、重量、数量、包装形式等予以分类。如此反复地进行了近一年的收集垃圾的研究分析。商场经理说："垃圾袋绝不会说谎和弄虚作假，什么样的人就丢什么样的垃圾。查看人们丢弃的垃圾，是一种更有效的营销研究方法。"他通过对所在城市的垃圾研

究，获得了有关当地食品消费情况的信息，得出了如下结论：第一，劳动者阶层所喝的进口啤酒比收入高的阶层多，并总结了啤酒中各品牌的比率；第二，中等阶层人士比其他阶层消费的食物更多，因为，中等阶层人士以双职工家庭居多，工作繁忙以致没有时间处理剩余的食物，依照垃圾分类重量计算，所浪费的食物中有15%是还可以吃的食品；第三，通过垃圾内容的分析了解到人们消耗各种食物的情况，得知减肥清凉饮料与压榨的果汁多属高收入阶层人士的消费品。

【案例分析】

案例中，销售经理对垃圾分类后所进行的调查采用了实地调查法中的观察法。通过对垃圾中的市场信息调查所获得的调查结果对企业有参考价值。观察法是在一种日常的、自然状态的情况下对市场进行调查，它可以不与被调查对象进行口头或书面的沟通，得出的结果很客观，对企业分析市场、了解市场有参考价值。

一、市场调研初始

市场调查是一项复杂而细致的工作，不仅要求调查者有严肃、认真、踏实的工作作风，而且要求调查者要严格遵循科学的程序来收集资料，这样才能保证调查工作的顺利进行，才能提高工作的效率和质量，确保调查结果的可靠性和有效性。

（一）明确市场调查程序

市场调查的程序因企业和营销调查的目的不同而各异，但其主要的程序包括三个阶段。

1. 预备调查阶段

这是市场调查工作的开始，是为组织实施调查做准备，这一阶段的主要任务有：

（1）确定调查主题和调查目标，明确调查主题是进行市场调查的起点，企业根据经营目标，分析其内外环境，发现存在的问题，以其中迫切需要解决的问题作为调查主题。然后，调查人员和业务人员应根据调查需要把调查主题逐项详细分解，进一步转变为具体调查问题，共同确定调查所要达到的目标。对调查目标的确定需先搞清以下几个问题：为什么要调查（why）？调查中想了解什么（what）？谁想知道调查的结果（who）？

（2）进行初步情况分析和非正式调查。调查人员在实地调查之前，在企业内部举行座谈会，或访问专家、用户及相关营销人员，听取他们对这些问题的意见，进行非正式的交流，收集企业内外部的有关情报资料，对问题进行归类和分析，将问题逐步明朗化，缩小调查范围，为正式调查打下基础。

2. 正式调查阶段

（1）制定市场调查方案。制定最有效的市场调查方案，是调查取得成功的关键。调查方案是组织调查活动的依据，其准确性和科学性要求很高。调查方案包含了许多具体内容，包括：确定资料收集的来源和方法，哪些是所需的资料，什么地方可以获得这些资料，通过什么调查方式能够获得资料，应该进行调查的对象是哪些；同时，还要确定调查的对象、时间、地点和次数，抽样方案的设计，调查问卷的设计，调查实施阶段的安排，以及调查组织领导、人员配备、培训和考核、工作进度和费用预算等。一个完整的调查方案通常由表3-2所列举的项目和内容构成。

表3-2　调查方案的主要内容

方案制定项目	具体内容要点
调查目的	明确调查什么，为什么调查，调查结果怎样
调查对象	获取调查资料的对象是谁，调查对象的总体情况
资料来源	第一手资料（实地调查资料）、第二手资料（文案资料）
接触方法	询问法、观察法、实验法、网上调查法
调研工具	调查表、心理学工具、机械设备
抽样计划	抽样范围、抽样程序
问卷设计	问卷及各种调查表的设计
调查形式	普查、重点调查、典型调查、抽样调查
工作进度	调查活动的时间及任务安排
费用预算	经费预算，合理估计各项开支
人员组织	调查人员招聘、分工、培训

（2）现场实地调查。根据事先拟订的调查方案和设计好的调查表进行实际调查工作，取得有关资料，这是市场调查的主体阶段。

3. 调查结果处理阶段

这是市场调查全过程的最后阶段，也是调查能否发挥作用的关键。一般包括整理分析调查资料和撰写调查报告两个阶段。

常见调查报告的格式如下：

（1）题目。包括市场调查的标题、报告日期、委托方、调查方等内容，通常打印在扉页上，标题应将被调查单位和调查内容明确具体地表示出来。

（2）目录。如调查报告篇幅较多，为方便读者，应使用目录列出报告的主要章节和附录，并注明标题及有关章节的页码，目录篇幅不宜超过一页。

（3）引言或概要。概括阐述调查的目的、时间、地点、对象、范围、主题和方法等内容。

（4）正文。正文是调查报告的主体，包括详细的调查目的、调查分析方法、调查结果的描述与剖析及提出结论性的意见。

（5）结尾。这是正文的结束部分，主要是与引言相呼应，通过归纳总结，重申观点，以加深认识。

（6）附件。这是调查报告正文中包含不了或没有提及，但与正文有关的必须附加说明的部分，是对正文的补充或更详细的说明，包括各类图表及调查所使用的有关文件副本等。

市场调查的结果须在实践中检验，因此，企业还应加强跟踪调查，了解调查报告中所提建议是否符合实际，所提数据是否准确、合理，以考察调查工作的成效，并及时反馈，修正调查结论，提高决策的准确性。

 **营销分析**

宝洁公司洗发水市场调查

宝洁公司是世界最大的日用消费品公司之一。公司为了更好地了解飘柔、海飞丝、潘婷、沙宣这几种品牌的洗发水的市场占有情况,为公司的生产经营提供可靠的依据,其营销部门开展了一系列的市场调查。

1. 确定调查目标。宝洁公司这次对本公司洗发水的调查主要是为了了解各个不同品牌的洗发水在消费者中的受欢迎程度、它们的市场占有率以及消费者对不同品牌的意见等,以此来指导公司未来洗发水生产方面的决策。

2. 选择合适的调查方法。宝洁公司选择了问卷调查法中的网络问卷调查。

3. 设计网络调查问卷的形式与内容。宝洁公司在确定了使用网络问卷的调查方法以后,公司市场部门的技术人员就开始设计调查问卷的形式和内容,主要采用了简单易操作的选择题。为了测试市场部门设计调查问卷的质量,在问卷正式被采用之前,宝洁公司随机邀请了60位网民对该问卷进行回答,并对调查问卷进行修正完善。

4. 调查问卷正式投入使用,开展正式调查。宝洁公司的市场部门将经过修改完善的调查问卷正式发布到网上供浏览者填写以收集需要的数据资料。该调查问卷在网上公布了大约有一个月,近千人点击回答了这份问卷。

5. 对收集到的数据资料进行统计分析,得出调查结果,根据调查对象的年龄和喜爱的洗发水品牌可以发现15~25岁的消费者倾向于使用潘婷这一品牌,而这一年龄段的人群正是时尚潮流的引领者,所以总的说来,宝洁公司的洗发水产品中最受欢迎的应该是潘婷这一品牌。排名前三位的依次为潘婷(21%)、海飞丝(19%)、飘柔(18%)。

调查后,宝洁公司把潘婷作为大量研发与生产的洗发水品牌,根据不同人群的洗发护发需求,潘婷相继推出了乳液修护、丝质顺滑、强韧防掉发、弹性卷发、垂顺直发、乌黑亮发等不同功能的洗发水,更多的选择也为其赢得了更多忠实的消费者。

(资料来源:选编自陈信康《市场营销学案例集》)

分析:

(1)结合案例,分析宝洁公司进行市场调查的程序。

(2)宝洁公司为什么要采取网络调查问卷的形式?这样做有什么好处?

（二）运用市场调研基本方法

市场调查中要进行大量的资料收集工作，常用的方法有很多种，一般根据所收集资料的不同采取不同的方法。常见的市场调查方法有文案调查法和实地调查法两大类。

1. 文案调查法

文案调查法又称为第二手资料调查法，也称为间接资料调查法，是利用企业内部和外部现成的各种信息、情报资料、对调查内容进行分析研究的一种调查方法。

在文案调查中，资料来源可以来自企业的内部和外部：一是企业内部资料，主要有会计报表、统计资料、商品销售记录、企业以前做过的市场调研报告、购买的各种信息资料等；二是企业外部资料，主要有图书馆资料、各种公开发表的统计年鉴、其他机构和企业所做的市场调研报告，各种媒体如报纸、杂志、广播、电视、网络等登载播放的情报信息等。

2. 实地调查法

实地调查法又称为第一手资料调查法，是调查人员根据调查目的，有组织、有计划地通过实地调查收集原始资料的方法。实地调查的方法有多种，归纳起来，可分为访问法、观察法、实验法。

（1）访问法。访问法是指通过询问的方式向被调查者了解市场资料的一种方法，是最主要的收集原始数据的方法，调查人员可根据预先设计好的调查提纲或问卷按顺序提问，也可以采用自由交谈的方式进行。在实施中，访问法又可分为面谈调查、邮寄调查、电话调查、留置问卷调查、网络调查等收集信息的方法，如表3-3所示。

表3-3 访问法收集信息的方式

方　法	含　义	优　点	缺　点
面谈调查	调查人员直接访问被调查对象，向被调查对象询问有关的问题，获取信息资料	灵活性高，容易得到被调查者的合作，问卷回答率较高，偏差较低，样本有较好的代表性	费用较高，调查过程较难控制，调查人员可能对被调查者产生误导等
邮寄调查	设计好调查内容的问卷邮寄给被调查者，请被调查者按要求填好后寄回	调查区域广泛，调查费用低，答卷时间充分	问卷回收率较低，时间长，样本代表性较差，有些被调查者不感兴趣，不予合作，或让人代填问卷，使回答偏差较大，准确性较低
电话调查	调查人员通过电话向被调查者询问，取得调查资料	费用较低，资料收集快，调查过程较易控制，偏差较小	调查总体不完整，受时间限制，调查内容较少，调查形式单一，拒接电话者较多
留置问卷调查	将事先设计好的问卷或调查表当面交给被调查者，并说明回答问题的要求，留给被调查者自行填写，然后在规定的时间收回	问卷回收率高，被调查者可以当面了解填写问卷的要求；被调查者的意见可以不受调查人员意见的影响，填写问卷时间较充裕	调查地域范围有限，也不利于对调查人员的活动进行有效的监督

续表

方法	含义	优点	缺点
网络调查	利用互联网进行市场调查，它包括两种方式：一种是利用互联网直接进行问卷调查的方式收集第一手资料，称为网上直接调查；另一种则是利用互联网的媒体功能，从互联网收集第二手资料，一般称为网上间接调查	组织简单，执行便利，辐射范围广，费用低；网上访问速度快，信息反馈及时；匿名性很好，所以，对于一些不愿在公开场合讨论的敏感性问题，在网上可以畅所欲言；简单易行，不受时间和空间的限制，不需要复杂的设备	样本对象的局限性，仅限于网民；信息的准确性和真实性不够；受访对象难以限制，针对性不强

其中，网络调查是一种新兴的调查方法，它的出现是对传统调查方法的一个补充，随着我国互联网事业的进一步发展，网络调查将会被更广泛地应用。主要方法有以下三种：

① 网络观察法。网络观察的实施主要是利用相关软件和人员记录登录网络浏览者的活动。相关软件能够记录登录网络浏览者浏览企业网页时所点击的内容、浏览的时间、喜欢看什么商品网页；看商品时，先点击的是商品的价格、服务、外形还是其他人对商品的评价；是否有就相关商品和企业进行沟通的愿望等。

② 网络实验法。网络实验法可以通过在网络中所投放的广告内容与形式进行实验。可以设计几种不同的广告内容和形式在网页或者新闻组上发布，也可以利用 E-mail 传递广告来判断广告效果。广告效果可以通过服务器端的访问统计软件随时监测，也可以查看客户反馈信息量的大小来判断，还可借助专门的广告评估机构来评定。

③ 在线问卷法。在线问卷法即请求浏览其网站的每个人参与企业的问卷调查，一般可以委托专业公司进行。调查问卷的基本结构一般包括三个部分，即标题及标题说明、调查内容（问题）和结束语。

（2）观察法。观察法是指通过跟踪、记录被调查者的行为特征来取得第一手资料的调查方法。在观察过程中，可以通过耳听、眼看或借助于摄影设备和仪器等手段来获得某些主要信息。观察法中，调查人员并不与被调查者正面接触，而是深入现场观察或凭借仪器记录，获取被调查者的资料。例如，有些企业在超级市场内安装录像设备，以追踪顾客在店内的购物过程，据此来考虑重新陈列商品，以便顾客选购；还有许多企业使用"神秘顾客"调查法调查企业的服务质量、服务态度，也十分有效。由于被调查者并不知情，可以在毫无心理压力之下做出反应，所以调查结果真实、客观。但这种方法只能观察表面现象，调查人员无法通过观察了解到人们的动机、态度、想法和感情。

（3）实验法。实验法就是在相对受控的环境下，通过实验对比取得调查资料。调查人员通过控制一个或几个变量如价格、广告媒体，研究对其他变量如销售量的影响，以建立市场变动的因果关系。对于价格变动、促销措施变化，都可以采用实验法测试其变动效应。

实验法可以取得较正确的原始资料，其缺点是实验时间长、成本高，要求调查人员经过良好的训练并掌握一定的数理统计知识。此外，由于调查对象经常受到许多不确定因素的影响，难以形成完全受控的环境，实验结果往往不能完全表明市场变动的因果关系，这是应用实验法必须注意的。尽管如此，实验法仍然是一种重要的调查方法，对实验法的误差，也可以通过比较细致的设计和一定的方法予以估计和控制。

在信息化高度发展的今天，在以上传统调查方法的基础上，利用网络开展调查也是企业常用的方法。

营销分析

市场调查建奇功

对商店、饭店、宾馆而言，可从大街上人潮、车流的数量中观察寻找出新的潜在消费需求。某炸鸡公司成功的奥秘之一就是每开辟一个市场，必先进行周密调查，全方位评价，绝不盲目上马。1986年，该炸鸡公司派出一位执行董事来北京考察投资环境，他一方面带人出入北京的主要街道，拿秒表测算客流量，又做出炸鸡样品请500多个不同年龄、职业的人品尝，并向他们详细询问了炸鸡的味道、价格、店堂设计和用餐方式等方面的意见；另一方面，又深入考察了现在和将来北京提供的炸鸡的货源和各种原料的情况，而且将各种原料包括油、面、盐、菜等样品带回总公司做化学分析，再应用计算机汇总各种数据，最后才得出在北京前门大街建立该公司第一家炸鸡店的结论。这家炸鸡店于1987年11月12日开业，不到300天，赢利就达250万元，大大缩短了投资回收期。

分析：

（1）该炸鸡公司在北京前门大街建立北京第一家炸鸡店是用什么调查方法得出的结论？

（2）如果你要为自己在所在小区开一家快餐店做市场调查，你会选用什么方法来进行？

（三）设计市场调查问卷

1. 问卷的概念及问卷设计步骤

问卷又称为调查表，是根据调查研究课题的需要而编制的一套问题表格，是由被调查者回答的一种收集资料的工具，同时，又可以作为测量个人行为和态度倾向的测量手段。所谓问卷设计，是根据调查目的将所需调查的问题具体化，使调查者能顺利地获取必要的信息资料，并便于统计分析。

问卷调查是收集资料特别是第一手资料最基本的方法。因此，问卷设计在整个调查活动中具有重要地位，问卷设计水平的好坏直接关系到市场调查质量的高低。好的问卷能够帮助调查者全面准确地收集资料，而问题设计不当、结构不完整的问卷往往会造成所需资料的差错和遗漏，加大整理和分析的难度，甚至导致调查的失败。

2. 问卷的基本结构

一张完整的问卷通常是由标题、问卷说明、被调查者的基本情况、调查内容、编号及附录等内容构成的。

（1）标题。标题应概括说明调查的主题，使被调查者对所要回答的内容有大致的了解。

（2）问卷说明。问卷说明应说明填写问卷的要求和方法，包括调查的目的、调查项目的含义、填表须知、交表时间地点、调查人员应遵守的事项、向被调查者致谢等，一般放在问卷的开头。

（3）被调查者的基本情况。它可以包括被调查者的性别、年龄、民族、家庭状况、文化程度、职业、婚姻状况、家庭住址等，但要注意对一些敏感信息的处理。

（4）调查内容。调查内容是调查表中最基本、最主要的部分，包括所需调查的具体项目。通常由各种问题组成，通过向被调查者提问取得资料。调查内容设计的好坏直接影响着整个调查的质量。

（5）编号及附录部分。调查人员应将调查表中的调查项目进行编码，以便分类整理及进行计算机处理。此外，有的问卷还将有关说明资料作为附录，通常放在问卷的最后。

3. 问卷的类型

问卷的调查内容由各种问题组成，常见的类型有以下几种：

（1）自由问答题。这种方法只提出问题，不提供拟好的答案，由被调查者自由回答，发表意见，表达他们的观点。例如："您对目前的房价有什么看法？""您认为本企业在为顾客服务方面还应做哪些改进工作？"

（2）两项选择题。又称为是非题或真伪题，是指对提出的问题仅有两个答案可选择，非此即彼，两种答案相互排斥。选择答案有"是"或"否"，"有"或"无"，"喜欢"或"不喜欢"等。例如："您以前购买过本企业的产品吗？A. 是；B. 否。"

（3）多项选择题。这是指对提出的问题有多个答案可选择，要求被调查者在事先拟好的若干答案中任选一个或几个。例如："您购买空调时考虑的主要因素是什么（可选择多项）？A. 经久耐用；B. 冷暖两用；C. 注重品牌；D. 外形美观；E. 服务周到；F. 价格便宜。"又如："您觉得现阶段上网费用（单项选择）：A. 太高；B. 较高；C. 一般；D. 较低；E. 很低。"

（4）顺位式问答题。又称为序列式问答题，是指由被调查者在所列的若干问题中根据自己的爱好或认识程度选择先后顺序。例如："您认为目前本企业在工作中应加强（请在括号内按重要程度填写序号，1代表最重要，4代表最不重要，2和3介于其中）：A. 售后服务（　　）；B. 广告宣传（　　）；C. 降低价格（　　）；D. 开发新产品（　　）。"

（5）对比题。常用于测量同类产品的各种不同品牌在被调查者心中的地位，也可用于测量企业与竞争对手在被调查者心中的地位。例如："请比较下列门户网站，在您上网时会优先选择哪一家，并在括号中打钩：新浪（　　）；搜狐（　　）；网易（　　）。"

（6）回忆题。指通过回忆的形式了解被调查者对不同的企业或不同的产品的印象强弱。例如："您所知道的国产手机品牌有哪些？"调查时，调查人员可根据被调查者所回忆的先后顺序、快慢及被回忆的频率进行分析研究。

在现实的调查问卷中，往往是几种类型的问题同时存在，单纯采用一种类型问题的问卷并不多见。在市场调查的问句设计中，根据问句设计的形式可以分为开放式问句和封闭式问句。开放式问句是指事先不规定答案或只有部分答案，被调查者可以按自己的意见进行回答，不受任何限制。封闭式问句的答案都是事先拟订的，不仅便于统计分析，也便于被调查者选择，能够节省调查的时间，但限制了被调查者的自由发挥。选择采用开放式问句还是封闭式问句时，必须考虑到问题答案的分散程度。如果可能的答案较多，用封闭式问句会使答案过于狭窄。而现实中，我们常结合开放式问句与封闭式问句的特点，采用在问卷的末尾安排开放式问句的方式来解决这一问题。

> **想一想**
> 在市场调查的问卷中，是开放式问句多，还是封闭式问句多？为什么？

4. 调查问卷设计的注意事项

调查问卷的质量直接影响调查的质量，因而要求调查问卷设计时应特别注意以下几个问题：

（1）避免使用定义不清的词句。如某企业对其客户进行调查，其中的一个问题是"您对本企业的产品及服务是否满意？"。这样的问题定义不清，企业的产品及服务也多种多样，使购买者难以具体回答。

（2）避免使用语义含混的问题。例如，某企业消费者调查问卷中有一个问题"您对本企业开发的新产品和价格是否满意？"。这一问题属于语义含混的问题，被调查者可能对新产品满意，但认为价格不合理，在回答时处于两难境地，难以进行肯定或否定的回答。

（3）避免使用带引导性的词句。在问题的表述中不应出现暗示观点和提示方向。

（4）避免使用困窘性词句。某些问题属于个人隐私，被调查者不愿在调查人员面前回答，应采用间接提问方法，改问被调查者认为他人对该项问题的看法如何，用间接问题获取被调查者的观点和意见。

（5）确定问题的顺序。问卷中的问题应遵循一定的排列次序，问题的排列次序会影响被调查者的兴趣、情绪，进而影响其合作积极性。所以，一份好的问卷应对问题的排列做出精心的设计。一般而言，问卷的开头部分应安排比较容易的问题，这样可以给被调查者一种轻松、愉快的感觉，以便于他们继续答下去。中间部分最好安排一些核心问题，即调查者需要掌握的资料。结尾部分可以安排一些背景资料，如职业、年龄、收入等。个人背景资料虽然也属事实性问题，也十分容易回答，但有些问题，如收入、年龄等同样属于敏感性问题，因此一般安排在末尾部分。

营销分析

关于某酒店产品进入市场设计调查问卷

要求：

（1）以"为（　　）某酒店新开发的（　　）产品进入（　　）市场"设计调查问卷标题。

（2）根据以上所选定的调查主题进行调查问卷的设计。要求有：问卷说明、被调查者基本情况、调查内容、编码与附录。调查内容由开放式的问题和封闭式的问题构成。

贵宾您好！
　　本酒店为不断自我完善，以期为您提供更高水准的服务及饭店设施，诚邀您填写此调查问卷。我们衷心感谢您的支持，并祝您在本酒店度过轻松愉快的时光！

*1.（单选）您的性别？（　　）
A. 男　　　　　　B. 女

*2.（单选）您的年龄是？（　　）
A. 18岁以下　　　B. 18~24岁　　　C. 25~29岁
D. 30~39岁　　　E. 40~50岁　　　F. 50岁以上

*3.（单选）在此次入住之前，您是否曾经入住过本酒店呢？（　　）
A. 入住过　　　　B. 没有入住过

*4.（可多选）您是通过何种渠道，了解到我们酒店的呢？（　　）
A. 旅行社推荐　　B. 线下活动　　　C. 电视节目出现　　D. 网络媒体
E. 电视广告　　　F. 身边的亲戚朋友　G. 书报或相关旅游杂志
H. 户外广告　　　I. 其他（请注明）

*5.（单选）您认为我们酒店目前的知名度怎么样？（　　）
A. 非常有名　　　B. 比较有名　　　C. 一般　　　　　D. 不太有名气

*6.（单选）您对我们酒店客房价位的总体评价是？（　　）
A. 非常合适　　　B. 比较合适　　　C. 一般
D. 比较不合适　　E. 非常不合适

*7.（单选）您对我们酒店会员卡优惠价的评价是？（　　）
A. 非常优惠　　　B. 比较优惠　　　C. 一般　　　　　D. 不太优惠
E. 与普通价格没区别　F. 我不知道会员卡价格是多少

*8.（可多选）您一般为什么原因出行时，会选择入住我们酒店？（　　）
A. 休闲娱乐　　　B. 探亲访友　　　C. 因公出差
D. 旅游度假　　　E. 其他（请注明）

*9.（可多选）您觉得我们酒店让您感觉不错的是哪些方面呢？（　　）
A. 安全　　　　　B. 餐饮品类多　　C. 设备齐全　　　D. 免费停车
E. 交通便利　　　F. 服务质量好　　G. 干净整洁　　　H. 经济实惠

I. 房间宽敞明亮　　　　J. 其他（请注明）

*10.（可多选）此外，您认为我们酒店哪些方面需要加以改进呢？（　　）

A. 酒店设备　　　B. 客房价格　　　C. 安全性　　　　D. 卫生条件

E. 停车服务　　　F. 房间的大小　　G. 工作人员服务

H. 交通便利性　　I. 餐饮服务　　　J. 其他（请注明）

*11.（单选）对于经济型酒店，您所能接受的最高客房价格大概是？（　　）

A. 200元以下　　　B. 200~300元　　C. 301~500元　　D. 500元以上

*12.（可多选）您一般会通过哪种方式预订酒店？（　　）

A. 手机预订　　　　B. 酒店现场订房　　C. 第三方网站预订

D. 官方网站预订　　E. 电话预订　　　　F. 其他（请注明）

*13.（单选）您目前的职业是？（　　）

A. 商业服务业职工（如销售人员/商店职员/服务员等）

B. 暂无职业　　　　　　　C. 企业管理者（包括基层及中高层管理者）

D. 个体经营者/承包商　　 E. 退休　　　　F. 自由职业者

G. 政府/机关干部/公务员　H. 专业人员（如医生/律师/文体/记者/老师等）

I. 农林牧渔劳动者　　　　J. 普通职员（办公室/写字楼工作人员）

K. 普通工人（如工厂工人/体力劳动者等）　　M. 在校学生

N. 其他职业人员（请注明）（　　）

*14.（单选）您的税前个人月收入水平大概是（包含所有工资、奖金和投资收益等）？如果没有收入，可以参考每月生活费（　　）

A. 2 000元及以下　　B. 2 001~3 000元　　C. 3 001~5 000元

D. 5 001~8 000元　　E. 8 001~10 000元　　F. 10 001~15 000元

G. 15 001~20 000元　H. 20 000元以上

15. 你对酒店的服务有哪些不满意的地方？

_____

再次感谢您参与这次问卷调查！

分析：

(1) 根据所学知识，分析以上问卷的结构。

(2) 参照以上问卷，自选一调查主题进行问卷设计。

任务三 目标市场确定

> "有所为，有所不为。"只有舍得才能获得，只有放弃才能专业。

 案例导入

左撇子商店——弱市淘金

在广东有一家特殊的商店——"左手用品大全"。商店的老板，偶然与几位习惯用左手做事的朋友交谈得知，这些"左手族"由于买不到适于左手使用的工具，在日常生活和工作中感到诸多不便。老板忽发奇想，能不能开一家只销售左手用品的商店，之后，他进行了深入调查研究发现：①大多数的用品是可以左右手通用的，但有一些商品左右手不能通用，如剪刀、镰刀、锯子等；②人口中有一定比例的左撇子，尽管其中相当一部分也适应了使用右手，但仍有许多动作还是习惯左手；③左撇子们对左手用品有购买欲望，希望购买到顺手的工具。于是老板夫妇在广东开设了一家左撇子用品商店，专门生产和销售左撇子需要的商品，如剪刀、刀具、厨具、园艺工具、笔等。经过几十年的发展，他们的销售网络延伸到全国各地。

左撇子人群相对于右撇子是一个小市场，左手用品大全公司在这个不大的舞台上却上演了精彩的演出，演绎出弱市中的大买卖。

【案例分析】

左撇子商店的顾客是"左手族"。案例中，左撇子商店的成功在于实施了目标市场战略，对工具市场进行市场细分，发现左撇子市场规模较大，并存在市场空白点，左撇子顾客对于工具使用的需求没有得到满足，而且市场竞争较小。将左撇子市场作为目标市场专业经营，从而演绎出弱市中的大买卖。

一、SWOT 分析法

与营销环境保持协调是企业生存和发展的必要条件。企业营销者和管理人员不仅要善于发现市场机会与环境威胁，更要时刻关注营销环境的变化，采取措施适应环境的变化，提高企业的竞争能力。SWOT 分析法是企业常用的一种市场营销环境分析法。

（一）SWOT 分析法

SWOT 分析法，又称为态势分析法或优劣势分析法，用来确定企业自身的竞争优势（strength）、竞争劣势（weakness）、机会（opportunity）和威胁（threat），从而可以将企业的战略与企业内部资源、外部环境有机地结合起来。

（二）企业的内外部环境因素

外部环境因素包括机会因素和威胁因素，它们分别是外部环境对企业的发展直接有影响的有利和不利因素，属于客观因素。其中，机会是组织机构的外部因素，包括新产品、新市场、新需求、外国市场壁垒解除、竞争对手失误等；威胁也是组织机构的外部因素，包括新的竞争对手、替代产品增多、市场紧缩、行业政策变化、经济衰退、客户偏好改变、突发事件等。

内部环境因素包括优势因素和劣势因素，它们是企业在其发展中自身存在的积极和消极因素，属主动因素。其中，优势是组织机构的内部因素，包括有利的竞争态势、充足的财政来源、良好的企业形象、技术力量、规模经济、产品质量、市场份额、成本优势、广告攻势等；劣势也是组织机构的内部因素，包括设备老化、管理混乱、缺少关键技术、研究开发落后、资金短缺、经营不善、产品积压、竞争力差等。

（三）SWOT 矩阵图

在分析了上述的企业内外部因素之后，就需要借助 SWOT 矩阵来进行评价了。在构造 SWOT 矩阵时，将企业内外部因素按优势、劣势、机会和威胁罗列在图 3-1 的 SWOT 矩阵中。

S:优势 1. 2. 3.	W:劣势 1. 2. 3.
O:机会 1. 2. 3.	T:威胁 1. 2. 3.

图 3-1　SWOT 矩阵

在罗列过程中，将那些对企业发展有直接、重要、大量、迫切、久远影响的因素优先排列出来，而将那些间接、次要、少许、不急、短暂的影响因素排列在后面。

在完成环境因素分析和 SWOT 分析之后，企业可据此制订出相应的行动计划。这样使得企业既发挥优势因素，又克服弱点因素；既利用市场机会因素，又化解环境威胁因素；既考虑过去，又立足当前，更放眼未来。

（四）对 SWOT 矩阵进行组合分析和综合分析

在构造了 SWOT 矩阵之后，可对 SWOT 矩阵进行组合分析和综合分析。组合分析是对"优势-机会"组合、"优势-威胁"组合、"劣势-机会"组合、"劣势-威胁"组合这四个组合进行分析，如图 3-2 所示。

1. "优势-机会"组合

利用内部资源优势去赢得外部发展机会，企业可采用增长型战略。

2. "优势-威胁"组合

利用内部资源优势去应对外部环境威胁，企业可采用多元型战略。

3. "劣势-机会"组合

创造条件抓住机会降低劣势，企业可采用扭转型战略。

4. "劣势-威胁"组合

最不利的条件，任何组织都要尽量避免，企业可采用防御型战略。

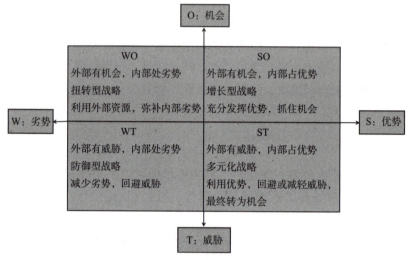

图3-2 SWOT矩阵组合分析

综合分析是应对实际复杂情况的权衡方法。由于在实际工作中，机会、威胁、优势、劣势往往交织在一起，所以需要权衡利弊，结合具体情况分析。

优衣库服装SWOT分析

优衣库是一家经营休闲品牌的服装企业，经营近三十年，从一家很不起眼的小公司不断发壮大成为一家知名品牌公司。公司旨在使所有人都能轻松地穿上优质休闲服。旗下多为基本款式、价位较低，富有现代、简约、自然、高品质且易于搭配的特点，销售的服装适合不同年龄段。"衣服是配角，穿衣服的人才是主角"，其营销口号突出了以人为本的穿衣理念。优衣库以店铺标准化，少品种大批量销售，通过规模效益，实现产品的低价格、仓储式销售，减少成本支出，一度成为"优质、低价"的代名词。

公司目前通过调查发现，品牌价格优势不太明显，其他各大品牌的服装、鞋帽到内裤、袜子非常多；优衣库销售渠道较为单一，主要在中国一线城市和部分发达的二线城市，店铺的选址具有局限性，并且在城市中，优衣库主要进驻大型商场和设立专卖店，没有打开多种销售渠道，广告以及其他推广形式较少。调查中，不少消费者认为：现代服装更要体现穿着者的品位、层次，这对增强自信、愉悦心情都起到不可忽视的作用，但优衣库定位于基本休闲款，简约、大方，涉及的消费人群和着装场合很广，但奢华不足，商品缺乏时尚感的问题也逐渐显现出来。

中国服装市场潜力巨大，由于服装行业本身的性质，发展空间大，也为优衣库的发展和提升提供了足够的契机，当然，服装市场竞争也很激烈，在时尚之风刮得如此猛烈的今天，优衣库的局限性也将越来越突出，上有快消时装的佼佼者Z、H等品牌，下有众多本土品牌和区域品牌的休闲服饰，优衣库面临着两面夹击的境地，还要应对越来越热的网购大潮的冲击，如何在康庄大道上继续前行，也是其管理者需要积极做出应对的。

分析：

（1）结合学习的知识，请你为优衣库进行SWOT分析，为企业经营把把脉。

（2）在时尚之风刮得如此猛烈的今天，你认为优衣库应有哪些对策，才能吸引更多的消费者？

二、市场细分

（一）市场细分的概念

市场细分是指营销者通过市场调研，依据消费者的需要和欲望、购买行为和购买习惯等方面的差异，把整体市场划分为若干消费者群的市场分类过程。其中每一个消费者群就是一个子市场或细分市场，每一个细分市场都是具有类似需求倾向的消费者构成的群体。

市场细分是企业开展目标市场战略的首要环节和步骤，是进行目标市场选择和市场定位的基础。通过市场细分，企业把复杂的整体市场分解成若干个小的细分市场，在每一个细分市场内市场需求倾向大致相同，不同细分市场间的市场需求存在着明显差异。以服装市场为例，不同的消费者对于服装的需求存在着明显的差异，如年轻人崇尚新潮、喜欢体现个性，中年人注重品牌和质量，老年人更多地关注穿着得体和舒适，企业可以将相同年龄段的顾客归为一个顾客群，形成几个不同的细分市场，明确各细分市场需求的主要特征，对于不同细分市场的服装，制定相应的市场营销策略。市场细分的依据是消费者需求的差异性。

（二）市场细分的作用

市场细分对于企业的作用有以下几方面：

1. 有利于发现市场机会，寻找新市场

通过市场细分，企业面临的整体市场被分割成若干个小的子市场，可以更详细地了解子市场的需求状况和满足程度，以及发现未被满足的潜在需求，同时，能较容易了解各自市场的竞争情况和发展态势，使企业能够在竞争激烈而又看似饱和的市场中发现市场机会，找到市场空白点。

> **想一想**
>
> 有人说，在市场中与其全面进攻，不如重点突破。这句话对吗？

2. 有利于企业集中资源，在市场中取得竞争优势

企业的资源都是有限的，尤其是小企业，如果在整体市场与对手展开全面竞争，很难获得竞争优势，但是通过市场细分，寻找力所能及的较小市场，查漏补缺，见缝插针，集中企业资源投入该市场，变整体市场劣势为局部市场优势，可以在小市场获得较高的市场份额。

3. 有利于制定和调整市场营销策略

企业通过市场细分，选择目标市场，根据目标市场的状况制定相应的市场营销组合策略，使企业的营销更具有针对性。当企业在目标市场开展营销活动时，由于目标市场的需求大致相同，对企业营销措施的反应也就比较一致、集中，企业可以较快收集到市场反馈信息，有助于企业对营销策略进行动态化调整，保证企业实现预期的营销目标。

（三）运用市场细分的标准和方法

1. 市场细分的标准

能否正确进行市场细分的关键是细分标准的选择。市场细分是依据市场需求差异进行的，所以，凡是使市场需求产生差异的因素都可以用来细分市场，这些因素称为市场细分标准。根据一般规律，消费者市场细分标准可归纳为四大类：地理标准、人口标准、心理标准和行为标准，如表3-4所示。

表3-4 消费者市场细分标准

细分标准	具体变量
地理标准	国别、地区、气候、城市规模、地形、城乡、人口密度等
人口标准	年龄、性别、收入、职业、民族、宗教、受教育程度、家庭人口、家庭生命周期等
心理标准	生活方式、社会阶层、个性、态度等
行为标准	购买时间、购买所追求的利益、购买数量、购买频率、品牌忠诚度等

（1）地理标准。地理标准就是根据市场所在的地理位置、气候条件、地形特点等地理因素来细分市场。消费者由于所处的地理环境不同，形成了不同的消费习惯和偏好，具有不

同的需求特点。比如，生活在我国不同区域的人们的食物口味就有很大差异，俗话说"南甜北咸，东辣西酸"；城市消费者讲求时尚流行，农村消费者讲求经济实惠。具体地理标准细分参考变量如表3-5所示。

表 3-5 地理标准细分参考变量

细分变量	典型细分市场
国别	中国、美国、加拿大、韩国等
地区	东北、西北、华北、华南、西南等
气候	干旱、温暖、湿润、寒冷等
城市规模	大型城市、中型城市、小型城市、乡镇等
地形	高原、山区、丘陵、平原、湖泊、盆地等
城乡	城市、农村

想一想

哪些产品的市场适合使用地理标准进行细分？试举例说明。

(2) 人口标准。人口标准就是根据人口统计因素，如年龄、性别、家庭人口、家庭生命周期、收入、职业、受教育程度、宗教、民族等来细分市场。由于人口标准的资料较容易获取，所以是企业细分市场时最常用的依据。具体人口标准细分参考变量如表3-6所示。

表 3-6 人口标准细分参考变量

细分变量	典型细分市场
年龄	婴幼儿、儿童、少年、青年、中年、老年
性别	男、女
收入	高收入、中收入、低收入
职业	工人、农民、医生、教师、公务员、演员等
民族	汉族、回族、蒙古族、藏族、苗族、傣族、壮族、高山族、朝鲜族等
宗教	佛教、道教、基督教、伊斯兰教等
受教育程度	小学及以下、初中、高中、大学、研究生及以上
家庭人口	1~2人、3~4人、5人及以上
家庭生命周期	单身期、新婚期、满巢期、空巢期、孤独期

(3) 心理标准。心理标准即按照消费者的个性、生活方式、社会阶层等消费心理因素来细分市场。消费者的欲望、需求、购买动机、购买行为都直接受心理因素的影响。例如，大众汽车公司把消费者按生活方式划分为循规蹈矩消费者和汽车发烧友。具体心理标准细分参考变量如表3-7所示。

表3-7 心理标准细分参考变量

细分变量	典型细分市场
社会阶层	上上层、上下层、中上层、中下层、下上层、下下层
生活方式	简朴型、时尚型、奢华型等
个性	内向、外向；理智型、疑虑型、情绪型等
态度	热情、积极、关心、漠然、否定等

（4）行为标准。行为标准就是根据消费者对商品的购买时间、使用数量、使用频率、追求利益、品牌偏好因素等来细分市场。相对心理标准来说，行为标准以消费者的外在行为表现为依据细分市场。例如，元宵的销售量最大的时间是农历正月十五前后，学生对学习用品的购买量最大等。其中，以顾客所追求的利益来细分市场，也就是"他们为什么要购买该产品"，是现代营销中取得最大进展的一种市场细分法。如购买手机，有的追求经济实惠、价格低廉，有的追求耐用可靠和使用维修方便，还有的则偏向于显示出社会地位等。具体行为标准细分参考变量如表3-8所示。

表3-8 行为标准细分参考变量

细分变量	典型细分市场
购买时间	规律性购买、无规律性购买、节假日购买、季节购买
使用数量	大量使用者、中度使用者和轻度使用者
使用频率	首次使用者、偶尔使用者、经常使用者
追求的利益	购买便利、经济、产品的不同功效等
品牌忠诚度	坚定忠诚者、不坚定忠诚者、转移型忠诚者、非忠诚者

以上的细分标准和主要变量是企业在市场细分中经常采用的，但有关的细分变量还有很多，不能一一列举，只要能够使消费者的需求差异体现出来的因素都可以用来细分市场。

2. 市场细分的方法

企业在进行市场细分时，可采用一项标准，也可采用多个变量因素组合或系列变量因素进行市场细分。下面介绍几种市场细分的常用方法：

（1）单因素细分法。单因素细分法就是细分市场时使用一个细分标准或变量。例如，可以按性别细分护肤品市场，分为男性市场和女性市场。这种细分方法只使用一个将消费者需求差异体现出来的典型变量，比较简单易行，但所划分的市场范围会过大，并且市场上还存在其他的需求差异。

（2）多因素细分法。多因素细分法就是细分市场时同时使用两个或两个以上的细分标准或变量。例如，化妆品生产企业同时使用性别、年龄和月收入这三个细分变量，按性别分为男性市场和女性市场，按年龄分为儿童市场、青年市场和老年市场，按月收入分为2 000元及以下、2 000~4 000元、4 000~6 000元、6 000元及以上，这样一个整体市场就划分成2×3×4=24个细分市场，多因素法的核心是并列多因素分析，所涉及的各项因素都无先后顺序和重要程度的区别。

（3）系列因素细分法。运用两个以上因素但根据一定顺序逐次细分市场。细分的过程也就是一个比较、选择细分市场的过程，下一阶段的细分在上一阶段选定的细分市场中进行。

3. 有效市场细分的原则

市场细分的标准和方法有许多种，但并非所有的市场细分都是有效的。一般来说，有效市场细分应遵循以下原则：

（1）差异性。市场细分后形成的细分市场之间要有明显的需求差异，这种需求差异可以让企业实施不同的市场营销策略。

（2）可衡量性。市场细分后形成的各个子市场范围清晰，其市场规模大小、购买力水平和需求程度是可以被测量的。

（3）可盈利性。细分出来的市场，其容量或规模要大到足以使企业获利。

（4）可进入性。企业能有效地进入细分市场并开展营销活动。

知名母婴主播的市场细分

某母婴类主播用户以"90后"用户为主，女性占比较大。相关数据显示，一些头部母婴类主播的直播间中女性用户占比超过80%，年龄多在25~40岁，其中25~30岁的女性用户占比超过40%。这些用户很多是有过育儿经验的妈妈或者有育儿计划的准妈妈，这些群体比普通用户更加注重产品品质和安全，购买母婴类产品、家居类产品、生活类用品的可能性也更大。

观察该主播的抖音视频可以发现，她的视频内容主要包括母婴育儿、女性职场、日常生活。以其2020年4月的短视频内容为例，在4月的18期视频中，母婴育儿类视频一共有9期，占比达到50%，而其他的关于日常生活和职场主题的视频，也多与女性相关，这使得她的用户多为女性。数据显示，在该主播的用户画像中，女性用户占比超过了85%，而其中24~30岁的女性用户占比最大。可以推测出，该主播的用户以年轻妈妈群体为主，这与账号所打造的母婴调性相符。

用户的精准性也很直接地在她的直播间体现出来。在其2021年5月9日的主题"带货"直播中，直播间观看人数累计达到70万人，而其中女性用户达到了89.93%，整场直播的销售转化率高达9%。该场直播"带货"商品也多是母婴用品和女性家居用品，销售量最高的商品是婴儿奶粉和纸尿裤。

在日常的视频内容中，该主播也会设置一些用户可以参与的活动。例如，在2021年3月，该主播共发布了4期"征集宝妈主播"的话题视频，这些视频带来了大量用户的转发与互动，引来了很多"宝妈"报名参加。

分析：

试分析该主播使用的市场细分标准和细分变量有哪些？

三、目标市场战略

(一) 评估与选择目标市场

1. 目标市场的概念

所谓目标市场，就是企业决定要进入的市场部分，即企业的商品或服务所要满足的特定消费者群。市场细分是确定目标市场的基础和前提，确定目标市场则是市场细分的目的。通过确定目标市场，企业可以有针对性地了解和分析市场需求，制定相应的营销组合策略，以获得企业预期的经营目标。目标市场的选择主要有两项主要内容：一是评估细分市场；二是选择目标市场。

2. 评估细分市场

企业要对经过市场细分后形成的各个细分市场进行分析评价，评价依据主要有以下三方面：

(1) 细分市场的规模和发展潜力。细分市场的规模是指适度的市场需求。大企业可以占领有较大市场需求的细分市场，小企业则根据自身情况选择较小的细分市场更容易形成竞争优势。企业不仅要分析细分市场的现实规模，还要了解其发展变化趋势，即发展潜力或者未来规模。

(2) 细分市场的吸引力。细分市场的吸引力是指细分市场的盈利能力，是企业确定目标市场的关键因素。

(3) 细分市场是否符合企业的目标和资源条件。有的细分市场虽然规模适合，并有一定的吸引力，但不符合企业的长远目标，也可能被放弃。

3. 选择目标市场

通过对各个细分市场进行评估，企业会发现有一个或多个细分市场值得进入，这时，企业需要决定进入哪一个或哪几个细分市场，也就是目标市场选择。一般来说，企业有五种模式可以选择，如图 3-3 所示。

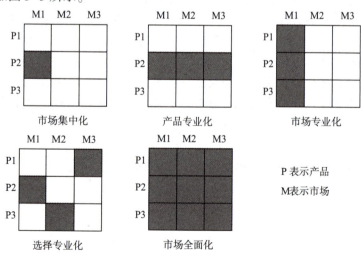

图 3-3　目标市场选择的五种模式

（1）市场集中化。这是一种最简单的占领目标市场的方式，企业只选择一个细分市场作为目标市场，只生产一种产品满足市场需求，实施集中经营。这种方式的优点在于企业可以更清楚地了解细分市场的需求，较容易在细分市场建立产品形象，形成竞争优势，但采取这种方式的风险也比较大。

（2）产品专业化。企业集中生产一种产品来满足几个细分市场的需求。这种方式可使企业在特定的产品领域树立良好的专业形象，但一旦有新技术、新产品出现，企业会面临较大的挑战。

（3）市场专业化。企业选择一个市场作为目标市场，分别生产不同产品以满足这一个细分市场的各种需求。市场专业化经营的产品类型众多，能有效地分散经营风险。但由于集中于某一类顾客，当这类顾客的需求下降时，企业也会遇到收益下降的风险。

（4）选择专业化。企业有选择地进入几个细分市场，分别提供不同的产品满足不同细分市场的需求。这种方式的优点是能够分散风险，各个细分市场相互独立、互不影响，即使在一个细分市场失利，企业在其他市场还可以赢利，但容易分散企业有限的资源。

（5）市场全面化。企业全方位进入各个细分市场，分别为不同细分市场的顾客提供不同的产品。一般实力雄厚的大企业可以采用这种方式。

4. 影响细分市场吸引力的因素

决定市场的长期的内在吸引力主要有五种力量：同行业竞争者、潜在的新加入竞争者、替代产品、购买者和供应商。如果细分市场有较多且实力很强的竞争者，企业会产生更多的竞争成本，其盈利能力较低；可能加入的新竞争者是企业的潜在对手，他们会增加生产能力并争夺市场份额；如果细分市场上存在较多的现实或潜在的替代产品，势必会影响产品的价格和利润；如果购买方讨价还价能力较强，对产品质量和服务提出更高的要求，会尽可能压低产品价格，减少企业利润空间；如果市场上的供应商实力很强，企业处于弱势，那么原材料价格会被控制，这时的细分市场的盈利能力是有限的。

营销分析

某国际酒店集团的目标市场选择

某国际酒店集团是一家有几十年传统历史的知名国际酒店，其集团旗下有不同的子品牌酒店，不同品牌吸引着不同的消费群体。

（1）品牌A酒店：五星级豪华商务酒店，是该国际酒店集团的高档旗舰品牌，属于较小型的豪华酒店，一般建于中等国际商业都市，是为那些追求个性化服务和欧洲典雅风格的散客服务的酒店。

（2）品牌B酒店：超五星级豪华大型酒店，坐落于世界各大城市中最新且繁荣的黄金地段，临近大型会议中心，专为商务和休闲旅行者以及大规模会议活动服务的豪华酒店品牌，以其规模宏大、设施先进而著称。

（3）品牌C酒店：超五星级典雅的精品酒店，位于全球的时尚之都，专为追求私密性、个性化及高质量服务的旅行者设计的世界级豪华精品酒店品牌，适合于小型会议或晚宴。

（4）品牌D度假村：顶级的度假酒店，营造的是令人心旷神怡的度假风情，度假村提供最舒适惬意的轻松享受，以创新的礼遇、舒适的住宿、多样性的运动休闲设施，并融合当地文化的特色，让下榻的旅客远离城市的尘嚣。

分析：

（1）该国际酒店集团采取的是何种目标市场选择模式？为什么采用这种模式？

（2）与案例导入中的酒店对比，该国际酒店集团的目标市场有何不同？

（二）确定目标市场营销策略

1. 目标市场营销策略

目标市场一旦确定，企业就要考虑怎样经营目标市场，确定目标市场营销策略。一般来讲，有三种策略可供选择。

（1）无差异性市场营销策略。无差异性市场营销策略是指企业将产品的整个市场作为目标市场，只考虑消费者或用户在需求上的共性，而忽视需求上的差异性，生产一种产品和制定一套营销组合方案吸引尽可能多的购买者。可口可乐公司在20世纪60年代以前一直以单一口味的品种、统一的价格和瓶装、同一广告主题将产品面向所有顾客，采取的就是这种策略。

（2）差异性市场营销策略。差异性市场营销策略是指充分考虑市场的需求差异，在市场细分的基础上，选择两个或两个以上的细分市场作为目标市场，分别为不同的目标市场提供不同的产品，制定不同的营销组合方案。如汽车企业针对不同收入、不同性别的消费者推出不同品牌、不同价格的产品，并采用不同的广告主题来宣传这些产品，采用的就是差异性营销策略。

（3）集中性市场营销策略。集中性市场营销策略是指在市场细分的基础上，企业选择一个细分市场（或再对该市场细分后的几个较小的细分市场）作为目标市场，制定一种营销组合方案，集中服务于该市场，形成在目标市场上的竞争优势。如专门生产学生校服的服装企业就是这种策略。

> **想一想**
>
> 集中目标市场营销策略追求的是"宁当鸡头，不当凤尾"，这样理解对吗？

三种目标市场营销策略的优缺点对比，见表3-9。

表3-9　三种目标市场营销策略的优缺点对比

策　略	优　点	缺　点
无差异性市场营销策略	成本经济性，形成规模效应	不能满足消费者的多样化需求
差异性市场营销策略	能满足消费者的多样化需求；树立良好企业形象	营销成本高；对企业的财力、技术、营销能力有较高的要求
集中性市场营销策略	节省营销费用；较容易形成竞争优势	市场区域相对较小，企业发展受到限制；潜伏着较大的经营风险

2. 影响目标市场策略选择的因素

三种目标市场营销策略各有优劣，企业在选择时应考虑以下因素：

（1）企业资源或实力。当企业实力雄厚，人力、物力、财力等资源条件充沛时，可以考虑采用差异性或无差异性市场营销策略；资源有限，实力不强的中小企业，采用集中性市场营销策略效果更好。

（2）产品的同质性。对满足消费者需要差异小的同质产品，比较适合采用无差异性市场营销策略；对于满足消费者需要存在差异的异质产品，则宜采用差异性或集中性市场营销策略。

（3）市场同质性。市场同质性是指各细分市场顾客需求、购买行为等方面的相似程度。同质性高的市场，意味着市场内消费者的需求相似程度高，不同顾客对同一营销方案的反应大致相同，此时，企业可考虑采取无差异性营销策略。反之，则适宜采用差异性或集中性市场营销策略。

> **想一想**
>
> 你能说出哪些产品属于同质产品，哪些产品属于异质产品吗？

（4）产品生命周期阶段。企业的目标市场策略应随着产品生命周期阶段的变化而变化。产品处于投入期，同类竞争品不多，消费需求差异体现得不明显，企业可采用无差异性或集中性营销策略。当产品进入成长期或成熟期，同类产品增多，竞争日益激烈，消费需求也出现明显差异，企业采用差异性市场营销策略效果较好。当产品进入衰退期，为保持市场地位，延长产品生命周期，可采用集中性市场营销策略。

（5）竞争者的市场营销策略。企业选择目标市场策略时，要有别于竞争对手。如果竞争者采用无差异性市场营销策略，企业应采用差异性或集中性营销策略；如果竞争对手采用差异性营销策略，企业应采用更为有效的市场细分，选择差异性或集中性市场营销策略与之抗衡。

营销分析

"哄睡你"的 App

睡眠是保证身体健康最基本的需求,然而很多人却难以保证。《2019 中国睡眠指数报告》显示,国内至少 3 亿多人存在睡眠障碍,其中,"90 后"年轻人是重灾区。2017 年 1 月 9 日,一款健康领域主打助眠的 App 正式上市,当日累计 70 万用户,3 日累计超 100 万用户,到目前已经累计有 3 000 多万的用户。

这款 App 有三个功能模块:一是白噪音模块,它的波形是特定的稳定波形,对用户有安抚心情的作用;二是自然音模块,如鸟叫声、雨声、火车鸣笛声等;三是心理咨询师录制的声音,主要针对比较严重的睡眠困扰。这些音频都是根据心理学专业知识原创录制的,你可以选择能催眠你的音频,当然如果你的"要求"比较高,也可以在 App 里组合自己的音频,满足个性化需求。在产品内容上更倾向于年轻化,有免费和会员两种消费模式,满足用户需求。

该 App 创始人在分析市场时指出:"在整个睡眠的大市场中,有很多做睡眠质量监测的产品,但往往是给了用户监测报告以后就没有下文了。用户看了报告以后完全不知道该做什么;也有一些助眠软件,但它们侧重于睡眠监测和梦话梦境,市场上缺少提供专业化的睡眠服务的供应商。"同时,她还指出:"这款 App 的目标用户群体不是睡眠障碍群体,不是需要看医生吃药的群体,而是日常受睡眠困扰的群体,这是一个非常大众化的需求市场,它比起睡眠障碍市场更加普遍。"

也就是说,该 App 的目标用户年龄是从婴儿到老年人,主要可分为两类:①有睡眠问题,希望提升睡眠质量的人;②睡眠问题不大,但是重视健康的人。另外通过调查还发现,这款 App 的用户群体主要集中在 24 岁以下年轻独居人群,其中大多数是职场新人和学习压力大的学生,消费水平中等。主要以一线城市和超一线城市为主,大多集中在东南沿海地区。

分析:

(1) 这款 App 采取了怎样的目标市场策略?为什么这样选择?

(2) 这种目标市场策略的优缺点是什么?这款 App 还应做哪些优化?

知识与技能检测

【同步测试】

一、单项选择题

1. 进入冬季，我国北方地区雾霾严重，消费者对于空气净化商品的需求大大增加，如防雾霾口罩、室内空气净化器等商品供不应求，这是由于（　　）的变化带来的商机。
   A. 人口环境　　　　B. 技术环境　　　　C. 经济环境　　　　D. 自然环境

2. 从需求的角度来看，自行车生产企业对于电动车生产企业来说属于（　　）竞争者。
   A. 愿望　　　　　　B. 平行　　　　　　C. 产品形式　　　　D. 品牌

3. 海尔企业生产不同产品满足不同需求，有洗红薯的地瓜机，有为左撇子开发的右侧开门的冰箱，有针对雾霾的"不开空调就除PM2.5"的空调，这是一种（　　）。
   A. 差异性营销策略　　　　　　　　　　B. 无差异性营销
   C. 密集型营销策略　　　　　　　　　　D. 集中性营销策略

4. （　　）不属于宏观市场营销环境因素。
   A. 人口环境　　　　B. 经济因素　　　　C. 社会文化环境　　D. 顾客

5. 公司集中力量满足某一特定顾客群的各种需要，这种选择目标市场的模式为（　　）。
   A. 密集单一市场　　B. 有选择的专业化　C. 市场专业化　　　D. 产品专业化

二、多项选择题

1. 属于市场营销微观环境的是（　　）。
   A. 供应商　　　　　B. 批发商和零售商　C. 竞争者　　　　　D. 顾客

2. 企业所面临的竞争者类型有（　　）。
   A. 品牌竞争者　　　　　　　　　　　　B. 愿望竞争者
   C. 平行竞争者　　　　　　　　　　　　D. 产品形式竞争者

3. 细分消费者市场的标准有（　　）。
   A. 地理因素　　　　B. 人口因素　　　　C. 心理因素　　　　D. 行业因素

4. 关于对"无差异市场营销策略"的说法正确的有（　　）。
   A. 具有成本的经济性　　　　　　　　　B. 只强调需求差异性
   C. 适用高档商品　　　　　　　　　　　D. 只强调需求共性

5. 评估细分市场时需要从（　　）方面进行分析。
   A. 现实规模　　　　　　　　　　　　　B. 潜在规模
   C. 市场吸引力　　　　　　　　　　　　D. 企业目标和资源

三、判断题

1. "七喜"饮料宣称"我不是可乐，可能比可乐更好"突出宣传自己不含咖啡因的特点，其采取的市场定位策略是避强定位。（　　）

2. 个人可任意支配的收入，是指个人收入扣除税款、非税性负担以及维持个人与家庭生存必需支出后的余额，是影响消费结构的重要因素。（　　）

3. 无差异性市场营销策略对于拥有广泛需求，能够大量生产、大量销售的产品基本上都是适用的。（　　）

4. 市场细分可以理解为把大市场划分为若干个小市场，有利于企业更好满足需求，增强竞争力。（   ）

5. 自己进货，并取得产品所有权后再批发出售的商业企业是代理商。（   ）

四、填空题

1. ＿＿＿＿＿＿＿差异的存在是市场细分的客观依据。

2. 实地调查的方法有多种，归纳起来，可分为＿＿＿＿＿、＿＿＿＿＿、＿＿＿＿＿等三种方法。

3. ＿＿＿＿＿＿＿是指一个社会的民族特征、价值观念、生活方式、风俗习惯、伦理道德、教育水平、语言文字、社会结构等的总和。

4. 消费者市场细分标准有＿＿＿＿＿、＿＿＿＿＿、＿＿＿＿＿和行为标准四种。

5. 根据影响力的范围和作用方式，市场营销环境可以分为＿＿＿＿＿和＿＿＿＿＿。

五、名词解释

1. 宏观环境

2. 实地调查法

3. 市场细分

六、问答题

1. 什么是微观营销环境？微观营销环境有哪些因素？

2. 运用市场调研基本方法有哪些？

3. 企业可以选择哪些目标市场的模式？

【综合实训】

快餐店市场调研与促销策划

[实训目的]

1. 学会从企业的经营管理决策实际出发确定市场调研的主题。
2. 训练学生市场调研的计划、组织和实施能力。
3. 锻炼学生分析消费者行为的能力。
4. 考查学生如何采取有效的促销策略，提高服务质量，进而提高客户忠诚度。

[实训要求]

1. 如果你是一家快餐店的店长助理。最近店里新推出了一种外观新颖、营养搭配合理、价格实惠的套餐。套餐一经推出便受到顾客的喜爱，门庭若市。遗憾的是，因为下单量太大，顾客常常需要等待20分钟以上才能够拿到菜品。且还听到许多愤怒的顾客抱怨服务态度不好。当他们到店消费，需要长时间等待，且没有被较好地服务时，会变得越来越失望，这也暗示着他们将会选择你的竞争对手。

2. 要求学生分组进行实地访问和调查并结合文献研究，了解影响顾客满意度和忠诚度的因素。

3. 各小组需要针对门店目前的经营状况做一次调研，并根据调研的结果策划一场特别的促销活动来提升顾客的体验感。

[实训步骤]

1. 根据教学班级人数确定学习小组（5~8组为宜），每组6~8人。
2. 小组讨论选出组长，并分工进行文献研究，联系企业进行实地调查收集资料。
3. 以小组为单位组织研讨，形成小组的课题研究报告，并制作PPT进行汇报。
4. 同学互评和教师点评，然后综合评定本次各小组及成员的实训成绩。

[实训考核]

1. 实训准备工作。（10分）
2. 各组在本次实训的组织、分配、管理等过程中的表现。（20分）
3. 各组提交的实训报告的质量和汇报PPT的演示效果。（50分）
4. 学习小组的团队合作精神。（10分）
5. 同学互评，教师点评。（10分）

项目总结

通过对本项目的学习,我的总结如下:

一、主要知识

1.
2.
3.
4.

二、主要技能

1.
2.
3.
4.

三、成果检验

1. 完成任务的意义有:
2. 学到的知识和技能有:
3. 自悟到的知识和技能有:
4. 你对市场调研趋势发展的判断是:

项目四
营销沟通与技巧

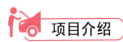

沟通能力在我们的日常生活和工作中发挥着非常重要的作用。对企业而言,在企业内部,人们越来越强调建立学习型企业,越来越强调团队合作精神,因此,有效的企业内部沟通交流是企业成功的重要因素;在企业外部,为了实现企业之间的强强联合与优势互补,人们需要掌握谈判与合作等沟通技巧,而且企业为了实现自身的发展并服务于社会,也需要处理好企业与政府、企业与公众、企业与媒体等各方面的关系,这些都离不开熟练掌握和应用沟通的原理与技巧。对个人而言,树立良好的沟通意识,掌握沟通的理论和技巧,能够适时地进行有效沟通,达到事半功倍的效果,显然也是十分重要的。

知识目标
➢ 理解沟通的多种含义;
➢ 掌握介绍产品的技巧;
➢ 了解涉外礼仪中的禁忌和规范。

能力目标
➢ 能够识别沟通障碍,并克服沟通障碍;
➢ 能够把握与客户进行沟通的技巧,并正确处理客户投诉;
➢ 能够合理运用各种沟通礼仪。

素质目标
➢ 树立正确的职业道德意识,提高职业素养;
➢ 培养宽容、谦逊、耐心的优良品格;
➢ 重视自身形象,展现文化自信;
➢ 加强自身道德素质修养,提高自律能力。

学习计划

	任务内容	沟通的含义与类型	与客户沟通的技巧	沟通礼仪要求
课前预习	预习时间			
	预习结果	1. 难易程度 ○偏易（即读即懂）　○适中（需要思考） ○偏难（需查资料）　○难（不明白） 2. 问题总结		
课后复习	复习时间			
	复习结果	1. 掌握程度 ○了解　　○熟悉　　○掌握　　○精通 2. 疑点、难点归纳		

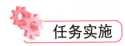

任务一　沟通的含义与类型

一个成功人士，需要75%的沟通，25%的天才和技能。

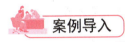

受挫的积极性

杨瑞是一个典型的北方姑娘，在她身上鲜明地展现了北方人的热情和直率，她为人坦诚，总是愿意把自己的想法说出来和大家一起讨论，正是因为这个特点，她在上学期间很受老师和同学欢迎。今年，杨瑞从某高校的人力资源管理专业毕业，她认为，经过四年的学习，自己不但掌握了扎实的人力资源管理专业知识，而且具备了较强的人际沟通技能，因此，她对自己的未来期望很高。为了实现自己的梦想，她毅然只身去了广东求职。

经过将近一个月的反复投简历和面试，杨瑞最终选定了东莞市的一家研究生产食品添加剂的公司。她之所以选择这家公司，是因为该公司规模适中、发展速度很快，最重要的是该公司的人力资源管理工作还处于起步阶段；如果杨瑞加入，她将是人力资源部的骨干，个人施展才能的空间很大。但是到公司实习一个星期后，杨瑞就陷入了困境中。

原来，该公司是一个典型的小型家族企业，企业中的关键职务基本上都由老板的亲属担任。尤其是老板安排了他的大儿子做杨瑞的临时上级领导，而这个人主要负责公司的研发工作，根本没有管理理念，更不用说人力资源管理理念。在他的眼里，技术最重要，公司只要能赢利，其他的一切都无所谓。但是杨瑞认为，越是这样就越有自己发挥能力的空间，因此，在到公司的第五天，杨瑞拿着自己的建议书走进了上级领导的办公室。

"王经理，我到公司已经快一个星期了，我有一些想法想和您谈谈，您有时间吗？"杨瑞走到经理办公桌前说。

"来来来，小杨，本来早就应该和你谈谈了，只是最近一直扎在实验室里，就把这件事忘了。"

"王经理，对于一个企业，尤其是处于上升阶段的企业来说，要想持续发展，必须在管理上狠下功夫。我来公司已经快一个星期了。据我目前对公司的了解，我认为公司主要的问题在于职责界定不清；员工的自主权力太小，他们觉得公司对他们缺乏信任；员工薪酬结构和水平制定比较随意，缺乏科学合理的基础，因此，薪酬的公平性和激励性都较低。"杨瑞按照自己事先罗列的提纲开始逐条向王经理叙述。

王经理微微皱了一下眉头说："你说的这些问题我们公司也确实存在，但是你必须承认一个事实——我们公司在赢利,这就说明我们公司目前实行的体制有它的合理性。"

"可是,眼前的发展并不等于将来也可以发展,许多家族企业都是败在管理上。"

"好了,那你有具体方案吗?"

"目前还没有,这些还只是我的一点想法而已,但是如果得到了您的支持,我想方案只是时间问题。"

"那你先回去做方案,把你的材料放这儿,我先看看,然后给你答复。"说完,王经理的注意力又回到了研发工作上。

杨瑞此时真切地感受到了不被认可的失落,她似乎已经预测到自己第一次提建议的结局。

果然,杨瑞的建议书石沉大海,王经理好像完全不记得建议书的事。杨瑞陷入了困惑之中,她不知道自己是应该继续和上级沟通还是干脆放弃这份工作,另找一个发展空间。

【案例分析】

本案例是一个典型的由于管理者缺乏新员工导入机制理念而导致上下级沟通失败,最终使新员工的积极性受挫的案例。杨瑞满腔热情想把自己的所学应用到实践中,从而获得成就感。可是她的上级却没有认识到杨瑞的特点和需求,过分强调杨瑞缺乏实践经验的一面,对杨瑞的行为给出了消极的反馈,致使杨瑞的积极性受到打击。

一、沟通的含义与特征

(一)沟通的含义

《现代汉语词典》中对"沟通"一词的解释非常简单:"使两方能通连"。原意指人们用开沟的方式使两水连通的活动,后泛指现代社会的信息交流。在英文中,"communication"这个词既可以译作"沟通",也可以译作"交流、交往、通信、交通、传递、传播"等。在学术界,学者们对"沟通"有150多个定义,概括起来有以下几种:

交流说——沟通,就是用语言交流思想。其代表者是美国的学者霄本。他认为沟通是传播者与接收者有来有往的双向活动。

分享说——沟通,就是传播者和接收者对所交流信息的共享。其代表者是美国的学者施拉姆。

媒介说——沟通,就是通过大众传播和人际沟通的主要媒介所进行的符号的传送。其代表者是美国学者贝雷尔森。

劝服说——沟通,就是传播者欲通过劝服对接收者施加影响的行为。其代表者是美国学者 J. 露西。

上述这些说法,都从不同的角度描述了沟通的内涵品质,对我们理解沟通有着重要的启示。从现代意义上去理解:沟通是人们在互动过程中,通过某种途径或方式,将一定的信息从发送者传递给接收者,并获取理解的过程。这种信息可以是文字信息,还可以是态势语言的信息。

（二）沟通的特征

从沟通的定义上看，沟通有以下几个特征：

1. 社会性
作为沟通的一个基本特征，具体体现为人们以信息交流为主要方式，通过运用复杂的符号系统来交流思想，建立联系，融洽感情，增强信任，调整行为，促进协作，提高效率，不断推动社会的进步和发展。

2. 实用性
指人们依靠沟通过程，动态了解各类信息，帮助自己工作、学习、生活，故有着明显的实用性。

3. 互动性
沟通是一种双向的交流活动。在沟通过程中，双方都希望影响对方，故需要不断转换双方的角色，各自发出相应的信息进行相互交流，因而体现出明显的互动性。

4. 动态性
沟通的双方是处于转换变化中的，沟通的信息也存在流动性以及它在传递时的信号转化等，均可导致沟通形成动态性。

5. 不可逆性
沟通时，传送者一旦将信息发出就无法收回，或接收者一旦受到某种信息影响，其产生的效果同样不能收回。这就是沟通的不可逆性。

（三）沟通的目标

人们在进行不同的沟通活动中，其沟通的目标各不相同，可以是传递、说明、教育、娱乐、解释、劝导、宣传、号召等目标。沟通的深度和难度也不同，我们可以将沟通目标分为传递、理解、接受和行动。

1. 传递
是沟通最初级的目标，也是最容易达到的目标。只要信息的发出者能够使信息到达特定的个人或组织，就可以视为达到了传递的目标。

2. 理解
是较深层次的沟通目标。它要求信息的接收者能够广泛、深入明了信息的性质、含义、用途和影响。信息发送者在进行信息策划时，必须考虑接收者的能力，选择信息编码和表达方式。

3. 接受
是指信息接收者在理解的基础上，还要认同信息内容。接受的核心是态度上的趋同。

4. 行动
这是沟通最高层次的目标。它要求信息接收者不仅能够接受、理解、认同信息的内容，而且会受到该信息的影响而采取某种行动。

二、沟通的类型与要素

(一) 沟通的分类

根据不同的划分方法，可将沟通分为几大类。

1. 按沟通的组织程度划分

按沟通的组织程度划分，可以将沟通划分为正式沟通和非正式沟通。

正式沟通——是指在一定的组织机构中，通过组织明文规定的渠道进行信息的传递与交流，如各种会议、汇报制度等。

在正式沟通中，按照信息传递的方向，又可分为上行沟通、下行沟通和平行沟通。以公文为例，下级机关向上级机关所做的请示、汇报，就是上行沟通；上级机关向下级机关所发的命令、指示，就是下行沟通；平行机关所发的函，就是平行沟通。

非正式沟通——是指通过正式沟通以外的渠道所进行的信息传递和交流。这种沟通是建立在组织成员之间的社会和感情基础之上的，人们以个人身份所进行的沟通活动，如朋友聚会、邻居聊天、私下交换意见、背后议论等各种各样的社会交往活动。

2. 按沟通时对媒介的依赖程度划分

按沟通时对媒介的依赖程度，可以将沟通分为直接沟通和间接沟通。

直接沟通——就是直接面对沟通对象所进行的信息传递和交流。直接沟通无须沟通媒介参与，是以自身固有的手段进行的人际沟通，如谈话、演讲、授课等。

间接沟通——就是指需要媒介参与的人际沟通，是通过文件、信函、电话、电子邮件等媒介所进行的信息传递和交流。

3. 按沟通时所使用的符号形式划分

按沟通时所使用的符号形式，可以将沟通分为语言沟通和非语言沟通。

语言沟通——是指发送者以语言符号形式，将信息发送给接收者的人际沟通，就是使用口头语言或文字语言所进行的信息传递和交流，也可称为口头沟通和书面沟通。

非语言沟通——是指发送者以非语言符号形式，将信息发送给接收者的人际沟通，就是指以除语言之外的表情、动作、眼神、气质、外貌、衣着、个人距离等为媒介的沟通方式。

4. 按沟通是否具有反馈的情况划分

按沟通是否具有反馈的情况，可以将沟通分为单向沟通和双向沟通。

单向沟通——是指信息单向流动的沟通。接收者只收受而不向发送者进行信息反馈，即信息的发送者和接收者的地位不发生改变的非交流性信息传递活动。如发布命令、报告、演讲等，具有信息沟通速度快，条理性强，且不易受干扰等特征。

双向沟通——是指信息双向流动的沟通。在沟通过程中，信息的发送者和接收者的地位不断发生改变，即信息的发送者和信息的接收者既相互发送信息，又相互反馈信息。如讨论、谈话、谈判等，具有传送信息准确，接收信息自信心较强，易受干扰和缺乏条理性等特征。

(二) 沟通的基本要素

我们从沟通的过程中，可以看出沟通的基本要素有以下几方面：

1. 发送者

是指沟通过程中发送信息的主体。这个主体可以是个人，也可以是群体、组织。尽管它发送的信息存在着有意和无意、自觉和不自觉、有目的和无目的之分，但通常会受到内容选择（如不能发表违法言论、不宜公开的某些报道）、媒介压力（如媒介组织的宗旨、制度、政策、规定等对信息所产生的限制）、个人形象与个性，以及来自社会、组织和个人等层面因素的制约。

2. 编码

是指发送者将所要传递的信息，按照一定的编码规则，编制为信号。它要求充分考虑接收者的实际情况，所选的代码或语言有利于理解与交流，以免出现令接收者茫然不解或无所适从的现象。

3. 信息传递

即通过媒介传递信息。媒介是确保信息正常交流的物质基础，它作为构建于传送者和接收者之间的信息网络，能以多种形式相互传递和交流双方的信息，使他们加深了解，增强协作，促进发展。常用的信息传递的媒介有个人媒介（如电话、电子邮件、信函、传真等）和大众媒介（如网络、广播、电视、书籍、报刊等）。

4. 接收者

是沟通过程中信息接收的主体。它同样受到内容选择、媒介压力、个人形象与个性结构等因素的影响，还可对符合自己本意的信息产生各种预期效果，或对与自己本意不相符的信息进行解释、怀疑，使效果减小或无效。

5. 译码

也称"解码"，是指信息的接收者按照一定的编码规则将所接收到的信号解释、还原为自己的语言信息，达到沟通的目的。

6. 理解

是指接收信息的反应。成功的沟通，应该是信息发送者的意愿与信息接收者的反应一致。

7. 反馈

指信息接收者在接收到信息后，将自己的反应信息加以编码，通过选定的渠道回传给信息的发送者。这种传送者和接收者之间角色的转换，是沟通必不可少的基本环节，它对掌握动态、发现问题、促进沟通双方共同发展具有重要的作用。

8. 噪声

是指在信息传递过程中，干扰信息传递的各种形式。可分为外部噪声（来源于环境）、内部噪声（来源于沟通双方的注意力）、语义噪声（来源于人们对词语情感上的反应）等。

（三）沟通的 6C 守则

为了更有效地进行沟通，在沟通过程中要遵循 6C 守则。即清晰（clear）、简明（concise）、准确（correct）、完整（complete）、有建设性（constructive）、礼貌（courteous）。

（1）清晰。是指表达的信息完整、顺序有效，能够被信息接收者所理解。

（2）简明。是指表达同样多的信息要尽可能占用较少的信息载体容量。这样既可以降低信息保存、传输和管理成本，也可以提高信息使用者处理和阅读信息的效率。

（3）准确。是衡量信息质量最重要的指标，也是决定沟通结果的重要指标。不同的信息往往会导致不同的结论和沟通结果。

上下级沟通的准确性

小明是一位项目经理，他负责领导一个团队开发新产品。在与团队成员沟通时，他传达了一个重要的日期截点："我们需要在下个月完成这项任务。"结果团队成员 A 理解为截止日期是下个月月底，因此他安排了其他任务在此之前。团队成员 B 理解为截止日期是下个月初，由于准备的时间不够充分，自己负责的部分，任务完成得质量不高。

分析：

为什么会出现这样的误解？

（4）完整就是指表达的信息描述完整，没有遗漏，否则会出现"盲人摸象"的现象。即因片面的信息导致判断错误和沟通错误。

（5）有建设性即对沟通目的性的强调。沟通不仅需要考虑所表达的信息要清晰、简明、准确、完整，还要考虑信息接收方的态度和接受程度，力求通过沟通使对方的态度有所改变。

（6）礼貌情绪和感受是影响人们沟通效果的重要因素。礼貌得体的沟通形式，有利于沟通目标的实现。

（四）沟通的内容

要进行有效的沟通，不仅需要遵循有效沟通的若干守则，还要知道沟通的基本内容。沟通的基本内容可概括为六个方面的问题，即何因、何人、何事、何地、何时、如何。

1. 何因

何因也就是沟通的目标、目的。确定沟通目标是一件非常重要，也是非常不容易的事情。首先要确定沟通各方的底线，包括沟通双方的沟通理解能力、态度转变、行动能力和意愿的空间。还要注意区分主动沟通方、被动沟通方和对等沟通方。主动沟通方在沟通过程中是沟通目标明确的一方，往往处于有利地位，但也有被对方拒绝的时候，在沟通中就要尽量防止出现被另一方完全中止沟通的状况出现。被动沟通方是指事先没有计划，也没有明确的沟通目标，只是被动卷入沟通过程的一方。对等沟通则是指在沟通之前各方都具有一定计划和目的的沟通过程。

2. 何人

何人指的是沟通的对象。在沟通过程中，我们不能把所有的注意力都集中在自身的沟通目标和沟通信息的清晰、简明、准确及完整上，而忽略沟通另一方的感受，这样的沟通效果不佳，甚至会导致沟通失败。因为，使用同样的沟通信息、方法和过程，对不同的沟通对象产生的沟通效果是不同的。评价沟通效果如何，最终标准是接收信息一方的理解和接受程度，而不是信息传递方表达的清晰程度。有时一个十分准确的表达方式所带来的结果只能是信息受众的一片茫然甚至误解。

对牛弹琴

汉朝的牟融在《牟子理论》中记载了这样一个故事："公明仪为牛弹清角之操，伏食如故，非牛不闻，不合其耳矣。"说的是古代有个很有名的音乐家公明仪能弹得一手好琴，但轻易不给人弹。他在城里住着嫌太过嘈杂，便搬到农村幽静处，饮酒弹琴，好不痛快。一天他见牧童骑牛放牧，吹着竹笛，悠闲自在，便突发奇想："人们都说我弹到深处，听着都想翩翩起舞，我何不弹奏一曲欢快的曲子，让牛给我跳舞呢？"于是，公明仪就认真地弹奏起来，弹得满头大汗，但牛只是低头吃草，无动于衷。

公明仪很沮丧，手按在琴上，无意间发出"哞哞"之声，那牛立即竖起耳朵，抬头相望。公明仪自觉好笑："牛把我的琴所发出的声音当成小牛叫了。"这就是"对牛弹琴"这个成语的由来。用来讽刺说话的人不看对象，白费口舌。

分析：

为什么公明仪那么卖力地弹琴而牛却无动于衷呢？问题出在哪里？

3. 何事

何事指的是沟通的主题，是沟通活动要紧密围绕的核心问题或话题。主题的作用主要体现在它是串起所有相关信息的线索。在沟通过程中，主题作为基本的背景和对象，是帮助沟通者理解和记忆沟通内容并做出反馈的主要依据。

4. 何地

何地指沟通活动发生的空间范围，包括地理区域、特定场所和室内布置等。沟通的地点常常被称为场合，不同场合影响沟通效果。因为，场合决定着人们对信息的解读方式，人们通常会根据经验形成一些思维定式或习惯，这些定式和习惯是人们快速解读信息的线索。

5. 何时

时间对沟通效果的影响是多方面的。每个人在一天的时间内并非情绪、体力、注意力都处于最佳状态。在同一时间内,不同的人在情绪、体力、注意力上也是不一样的。如果时间选择不当自然会影响沟通效果。

6. 如何

如何是指如何实现沟通目标,采用何种手段来实现沟通目标。这是沟通中最复杂、最困难的要素。例如,要实现沟通目标,我们要考虑信息的表现形式是什么,可以是文字、图片、多媒体,也可以选择身体语言、符号标志、模型等;还要考虑是口头表达还是书面表达,是用归纳法还是演绎法,是采用庄重的表达风格,还是轻松的风格;在什么时间进行沟通最合适,要安排在怎样的场合进行沟通等。应该根据不同的情况选择最合适的表达方式,特别是要根据沟通的需要创造出恰当的沟通气氛。

三、沟通的主要障碍

任何沟通都至少有两方面参加,各方可能有着不同的愿望、需求和态度。如果一方的愿望和需求与另一方相冲突,就会形成障碍,导致沟通不畅。所以,我们要识别沟通障碍,尽量克服沟通障碍。

(一)个人因素

在信息沟通中,很大程度要受到个人因素的制约。每个人不同的个性、气质、态度、经验、见解等,都会形成信息沟通的障碍。

1. 语言障碍

在口头沟通中,如果语言出现错误,就会直接导致信息的失真。

2. 文化障碍

知识水平上的差异和经验水平不一致,导致对方无法理解,使沟通遇到障碍。

营销分析

秀才买柴

有一个秀才去买柴,他对卖柴的人说:"荷薪者过来!"卖柴的人听不懂"荷薪者",愣住了不敢移步,秀才只好自己走上前去问:"其价如何?"卖柴的人听不太懂这句话,只听见有个"价"字,就告诉了秀才这担柴的价格。秀才接着说:"外实而内虚,烟多而焰少,请损之。"卖柴人因听不懂秀才的话,担着柴转身要走。秀才想就只有这一个卖柴的,天气又这般冷,没柴如何取暖?情急之下说:"你这柴表面看起来是干的,里头却是湿的,烧起来肯定会烟多焰少,便宜点吧!"

分析:

为什么秀才买不到柴呢?问题出在哪里?

3. 地位障碍

如果沟通双方地位身份相差悬殊，会影响发送和接收效果。高位者考虑自己的尊严，在发送信息时简单扼要，不做过多的说明，致使低位者接收信息时心情紧张，对不明了之处也不敢多问或陈述自己的信息，会导致信息接收不准确，造成沟通障碍。

4. 记忆障碍

即个体记忆不佳所造成的障碍。信息沟通往往是依据组织系统分层次逐次传递的，然而，在按层次传递同一条信息时，往往会受到个体素质影响，从而影响沟通效果。

5. 兴趣障碍

对谈论主题过分关心或漠不关心都是沟通的障碍。过分关心者往往急于发表个人意见而忽视发送者接下来的信息；漠不关心者对发送的信息不感兴趣，就会分散倾听或观看的注意力，以至于视而不见，充耳不闻，沟通就收不到好的效果。

6. 信任障碍

有效的沟通要以相互信任为前提。缺乏信任的沟通者之间彼此有所保留，不能充分、坦诚地沟通自己的不足，导致信息获得的不完整，会影响沟通的效果。

7. 情绪障碍

人的情绪状态对信息的理解具有影响作用，情绪不好时，就会对信息的接收产生阻挠心理，不喜欢听，不喜欢看，甚至因此而拒绝接收任何信息；情绪好时，即使是自己不感兴趣的信息也会宽宏大度地接受。情绪还影响认知思考、行为表现。

8. 环境障碍

沟通受到干扰而突然中断，是一种常见的障碍，所以，环境因素很重要。沟通时，如果周围的环境不好，就容易分散人的注意力，如阅读材料时，有他人进来和你说话、开会时手机突然响起、会议中消防车警铃响，都会使沟通中断。

（二）心理因素

人际关系是一种建立在心理接触基础上的社会关系。所以，在影响人际关系的因素中，心理障碍产生的影响更大，也更加直接。一个心理正常的人，在与人沟通时，所产生的影响人际交往的心理因素，我们称其为人际沟通的心理障碍。

1. 嫉妒心理障碍

嫉妒者当看到别人因强过自己而受到称赞就会难过、气愤或暗中拆别人的台，诋毁他人。嫉妒常产生于条件相似的人之间，或因自己无能或因自己懒散，因而比别人差，内心却又不甘心。嫉妒者不仅打击别人，也会影响自己的人际关系，影响正常的人际沟通。

2. 羞怯心理障碍

羞怯是人们交往中一种常见的心理障碍。羞怯心理障碍是指人们在沟通时常感到紧张、脸红、语无伦次或过多地约束自己的言行，以至于无法充分地表达自己的思想感情，阻碍了人际关系的正常发展。一般来说，产生羞怯的原因一般有四种：

（1）性格内向。

（2）自尊心强，自信心不足，总想把话说好，但又不知道怎么说。

（3）多次遇到失败或挫折，因而怕与人沟通。

（4）传统文化中消极成分的影响。

3. 自卑心理障碍

一个人在遭受挫折以后，如果不能正确对待自己就会产生自卑心理。自卑是人们对自己的能力做出过低评价的一种心理感受，是一种消极的自我评价。自卑心理障碍会使人丧失上进心，失去自我发展机会。假如一个人长期处于自卑心理状态，不但会影响自己的人际关系，还将束缚自己的创造才能和聪明才智。

营销分析

白纸上的黑点

有一个叫小文的女孩，参加工作后第一次单独外出接洽生意就遭到了失败，被同事取笑后，她哭着跑回家，在父母的劝解下仍然不能释怀，觉得自己一无是处。这时她父亲拿出一支笔和一张白纸，要她在白纸上画黑点，把自己认为的所有不足和缺点都点在纸上，当小文点完之后，父亲问她："你看到了什么？""我看到无数的黑点，无数的缺点。"父亲又说："还看到什么？"她说："除了缺点还是缺点。"

父亲一再地启发，女儿终于发现"白纸部分大于黑点部分"。父亲又启发她："将你的优点和长处盖在黑点上，还剩下多少黑点？是不是白纸更大了？这就是你的发展空间，是不是空间很大？"女儿认真地思考之后，点了点头，心情开朗了，鼓足勇气重新开始自己的事业。后来，小文通过不懈地努力成为公司的销售经理。

分析：

小文是如何克服羞怯心理障碍的？

4. 恐惧心理障碍

恐惧是人类的一种原始情绪，指个人在面临困境并企图摆脱但无能为力时所产生的情感体验。恐惧心理障碍是指沟通时出现的带有恐惧色彩的情感反应，如手足无措、手心出冷汗、身体发抖等。这些都会影响正常的交往，使人竭力避免参加公共活动，回避与他人的交往，甚至还会出现自我封闭、与外界隔绝的状态。

5. 猜疑心理障碍

猜疑是指一种由主观推测而产生的不信任他人的复杂情感体验。在人际交往过程中，由于欺骗蒙蔽、虚情假意的现象仍然存在，人与人之间提防戒备之心的存在也有其合理性。但如果防备心理过重，或疑虑之心过重，甚至怀疑一切，认为人人不可信，人人不可交，就会形成心理障碍，造成沟通的失败。

(三）心理障碍的克服技巧

从主观上讲，任何人都希望自己是一个成功的沟通者。心理障碍影响了人们的沟通效果，因此，只有跨越障碍，才能获得成功。所以，我们要学习克服心理障碍的技巧。

1. 嫉妒心理障碍的克服技巧

首先要认清嫉妒、控制嫉妒。把嫉妒心理中正面的上进心扩大，抵制产生嫉妒行为，才能在竞争中心安理得地获得成功；要抑制嫉妒行为，就要宽容地对待他人，调节自己与他人的优劣对比，多寻找和发现自己超越别人的优势，获得心理平衡；要克服嫉妒心理障碍，还要培养自知之明，以便自己能客观公正地评价自己。

2. 羞怯心理障碍的克服技巧

主要是从锻炼性格入手，有意识地多参加集体活动，培养独立自主的性格，多与人交往，特别是要多与性格开朗的人交往。还要积极地自我暗示，鼓励自己在社交场合中展示自我，并做好应付失败的心理准备。

3. 自卑心理障碍的克服技巧

只有找出自己的自卑来源于何处，才能有针对性地克服。因为，不论你的自卑是来自家庭贫寒，还是自身的生理缺陷，或是周围人的评价影响，或是遭受过挫折，都可找到有相近的背景而不气馁的人物作为自己的榜样，可以用榜样来激励自己。此外，还要学会关注别人。因为，容易陷入自卑心理状态中的人往往缺乏集体情感，只有当自己将目光投向别人身上时，你才会变得理智、客观、忘我。

消除自卑的最好方法是增强自信心，对自己要有充分的自信，给予自己积极的思维方式。自卑者应打破过去那种"因为我不行——所以我不去做——反正我不行"的消极思维方式，建立起"因为我不行——所以我要努力——最终我一定能行"的积极思维方式，以自信来打破自卑的障碍。

4. 恐惧心理障碍的克服技巧

首先要明确造成恐惧的真正原因。如果不能清晰地认识到让自己恐惧的是什么东西，恐惧就会一直存在着。只有鼓起勇气正视它，才能找到恐惧产生的根本原因。只有找到原因，才能通过改善自己的个性，积极与人交往，克服恐惧心理。对于严重的交往恐惧症，还应采取心理咨询和心理治疗的方法。

5. 猜疑心理障碍的克服技巧

要克服猜疑心理障碍，就必须用理智战胜冲动。常常问一问自己为什么起疑心，然后，对猜疑的人和事要学会选择正反两方面的信息去分析，控制冲动的主观推测。还要学会用经验巩固理智，而不是让猜疑驾驭自己。除此之外，要学会自制，不让自己的思想停留在对过去的挫折经历的痛苦回忆中，战胜痛苦，摆脱挫折的阴影。要善于培养自信，看到自己的长处和优势，用自信战胜怀疑。最后还应克服自己患得患失的心理，不要让一己之私支配和折磨自己，无利则无疑。

四、沟通能力的培养

几乎每个人出生时发出的第一声都是哭声，没有人一出世就会开口说话。沟通能力的高低虽然有遗传、智力等因素的影响，但是后天的培养也极其重要。要提高自己的沟通能力，可以从以下几个方面着手：

（一）德育先行

沟通能力是沟通者思想、知识、思维、心理等素质的体现，是一项综合能力。思想指挥行动，要提高自我的沟通能力，应该注意德育先行。只有当沟通者具有高尚的道德品质，实施沟通时才能想他人所想，为与他人沟通奠定良好的基础。

培养良好的品德，应该不断加强自身的思想品德修养，从我国传统美德中，从我党的革命道德传统中，从国外优秀的道德思想中汲取精华，让自身不断进步，成为在与人沟通中受欢迎的人。

素质提升小课堂　　　　　　　　　　爱岗敬业

苏格拉底说过："世界上最愉快的事，就是为理想而奋斗。"我们要建立积极、正确的职业观，这关系到个人未来职业生涯的发展，也关系到国家、社会的发展。广大学生应结合自身实际，干一行爱一行，在工作岗位上发光发热，发扬工匠精神，成为合格的社会主义建设者。

（二）知识武装

沟通者的文化底蕴越深厚，其视野和思想就越开阔，说起话来就会妙语连珠，撰写出来的文章就会越有品位，当然与人沟通就更有效果。要让自己的知识底蕴深厚就要不断学习。

1. 从书本上学

"读书破万卷，下笔如有神。"从前人的经验中获取各类知识，是提高自身知识修养的重要途径。

2. 从生活中学

"活到老，总学到老。"没有一个人能说自己已掌握了生活中的全部知识，我们在与人交谈时，总会发现有一些知识是自己的短板。

3. 学会不断积累

我们提倡每天都能学习，但要让自己进步还需不断地积累。积累的关键在于日复一日长期坚持，时间长了，自然就多了。俗话说得好："不怕慢，就怕站。"不管自己走得多慢，只要一点一滴地积累下来，就是一直在前进，一直在进步。

4. 向身边的人学

周恩来在年轻时曾写过一句格言自勉："与有肝胆人共事，从无字句处读书。"肝胆之人即正直之人，必有值得我们学习的品德；"无字句处读书"与教育家陶行知先生的教育理论一致，就是可以时时从生活中学习。

（三）锤炼健康的心理素质

沟通的主体心理素质好坏，直接影响沟通的效果。有的人能从容沟通、从容应对；有的人则语无伦次，答非所问。要培养良好的沟通能力，首先要有开阔的胸襟，其次要不间断地训练自己的抗挫折能力。

每个人都愿意与大度、开明的人交朋友，而不愿与小气、斤斤计较的人交往。宽容大度是与人沟通的润滑剂，能减少人与人之间的摩擦，达到良好的沟通效果。

在与他人沟通时，并非每次都能顺利成功，这就要求沟通者具备足够的抗挫折能力。只有具备良好的抗挫折能力，在受到挫折时，才能重新调整心态，激发知难而进的勇气，战胜困难，取得成功。面对挫折可采用以下方法，进行自我调节。

(1) 沉着冷静、不慌不怒。
(2) 增强自信，提高勇气。
(3) 审时度势，迂回取胜。
(4) 再接再厉，锲而不舍。
(5) 移花接木，灵活机动。
(6) 寻找原因，理性思维。
(7) 情绪转移，寻求升华。
(8) 学会幽默，自我解嘲。

（四）训练创造性思维

创造性思维是以新动机为先导，以思维的流畅性、应变性为基础，以思维的创造性和丰富多彩的想象力为核心。沟通者的思维应变性强，就能做到沟通自如。所以，要训练自己的创造性思维，不断提高自己的沟通能力。

训练创造性思维，一是要打破定式，培养思维的独创性。除了要利用思维定式的积极作用外，还要克服因思维定式形成的创造性思维障碍。冲破狭隘的旧框框，开阔视野。在求异思维过程中力求思维的独创性得到提高。二是倡导思维的想象力，培养思维的联动性。想象是创新的翅膀，一切创造欲望包括创新意识、创新思维的萌发都和想象力不可分割。要提高想象力，就必须培养自己的观察能力，养成观察习惯，还要善于运用想象、类比、联想、延伸、开拓等多种思维方法，进行发散性思维训练、收束性思维训练、逆向性思维训练等。

（五）掌握一定的沟通技巧

在与人沟通的过程中，需要借助沟通的技巧，化解不同的见解与意见，建立共识。

在沟通过程中，一句话、一个眼神，都能影响沟通的效果，所以，要掌握一定的沟通技巧，让自己成为一个受欢迎的人。

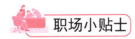
职场小贴士

帕金森定律

著名学者帕金森研究出与他人沟通最有效的10种方法，人们称之为"帕金森定律"。

1. 与人沟通永远不嫌迟。不要因为害怕对方可能的反应，以至迟迟不敢沟通，要知道，因为未能沟通而造成的真空，将很快充满谣言、误解、废话，甚至仇恨。

2. 在沟通的过程中，知识并不一定永远是智慧，仁慈不一定永远是正确，同情不一定永远是了解。

3. 负起沟通成功的全部责任。作为聆听者，你要负起全部责任，听听其他人说些什么；作为说话者，你更要负起全部责任，以确定他们能够了解你在说些什么。绝对不能用一半的心意来对待与你有关的人，一定要有百分之百的诚心。

4. 用别人的观点来分析你自己。把你想象成你的父母、你的配偶、你的孩子和你的下属。想象你走进一间办公室时，陌生人会对你产生什么印象？为什么？

5. 听取真理，说出真理。不要让那些闲言闲语使你成为受害者。记住，你向外沟通的都是你的意见，也都是你根据有限的资料来源听到的印象。

6. 对你听到的每件事，要以开放的心态加以验证。不要存有偏见，要有充分的分析能力，对真相进行研究与检验。

7. 对每个问题，都要考虑到它的积极面与消极面，追求积极的一面。

8. 检讨一下自己，看看是否能够轻易和正确地改变你扮演的"角色"：从严肃的生意人，变成彬彬有礼的朋友、父母，变成知己或老师。

9. 暂时退出你的生活圈子，考虑一下，究竟是哪种人吸引你？你又要吸引什么样的人？他们是不是属于同一类型？你是否吸引胜利者？你所吸引的人是否比你更为成功？为什么？

10. 发展你神奇的"轻抚"。今天、今晚就对你心爱的人伸手轻抚；在明天、在今后的每一天，都要这样做。

> **想一想**
>
> 有人说："成功的沟通者是生活中的有心人。"这句话对吗？

任务二　与客户沟通的技巧

接近客户的 30 秒，决定了推销的成败。

 **案例导入**

不同业务代表的沟通方式

1. 业务代表 A："你好，我是大明公司的业务代表马一鸣。在百忙中打扰您，想要向您请教有关贵店目前使用收银机的事情。"

商店老板："你认为我店里的收银机有什么问题吗？"

业务代表 A："并不是有什么问题，我想了解贵店的收银机是否已经到了需要更新的时候。"

商店老板："对不起，我们暂时不想考虑换新的。"

业务代表A："不会吧！对面张老板已更换了新的收银机。"

商店老板："我们目前没有这方面的预算，以后再说吧！"

2. 业务代表B："刘老板吗？我是大明公司的业务代表周黎明，经常路过贵店。贵店生意一直都那么好，实在不简单。"

商店老板："你过奖了，生意并不是那么好。"

业务代表B："贵店对客户的态度非常亲切，刘老板对贵店员工的教育培训一定非常用心；对街的张老板，对您的经营管理也相当钦佩。"

商店老板："张老板是这样说的吗？张老板的店也经营得非常好。事实上，他也是我一直以来的学习对象。"

业务代表B："不瞒你说，张老板昨天换了一台新功能的收银机，非常高兴，才提及刘老板的事情，因此，今天我才来打扰您！"

商店老板："哦？他换了一台新的收银机？"

业务代表B："是的。刘老板是否也考虑更换新的收银机呢？目前，您的收银机也不错，但是新的收银机有更多的功能，速度也较快，让您的客户不用排队等太久，相信他们会更喜欢光临您的店。请刘老板一定要考虑一下这款新的收银机啊。"

【案例分析】

我们比较业务代表A和B接近客户的方法，很容易发现，业务代表A在初次接近客户时，直接就问对方收银机的事情，让人有突兀的感觉，遭到商店老板反问："你认为我店里的收银机有什么问题吗？"然后业务代表A又不知轻重地抬出对面的张老板已购机这一事实来试图说服商店老板，就更激发了商店老板的逆反心理。

反观业务代表B，他首先推销自己，和客户以共同对话的方式，在打开客户心扉以后，才自然地进入推销商品的主题。业务代表B在接近客户前能先做好准备工作，能立刻称呼刘老板，知道刘老板店内的经营状况，清楚对面张老板对他的经营管理很钦佩等。这些细节令刘老板感觉很愉快，业务代表B和他的对话就能很轻松地继续下去，这都是促使业务代表B成功的要件。

一、建立并维护客户关系

与客户沟通是外部沟通的重要内容之一。客户是企业服务的对象，无论你在组织的哪个部门、担任何职，都可以通过沟通更好地了解客户，为公司创造更大的价值。因此，我们应加强与客户的有效沟通，建立并维护好与客户的关系。

（一）了解客户信息

要与客户有效沟通首先就要了解客户。如果对客户的姓名、联系方式、具体地址、潜在需求，特别是个人好恶等信息有了详细了解，在沟通中就会有更多共同话题。

了解客户信息的方法主要有以下几种：

（1）察言观色法：即与新客户第一次接触时，要善于当好"观众"与"听众"。通过对方的言语和表情来分析其性格特点，这样在以后的交往中就可以采用恰当的方式与其沟通交流。

（2）弦外之音法：即通过打听了解的方式去了解客户。如通过该客户的朋友侧面了解其性格与特点，以及其经营状况等，以便针对其实际情况，给予必要的服务与帮助。

（3）身临其境法：即与客户在长期的交往中，相互之间形成良好的印象，从而结下深厚的友谊。交朋友需要长期的相处，才能"日久生情"。

（二）发现客户需求

沟通成功的要诀在于对客户需求、期望和态度的充分了解，以及把对客户的关怀纳入自己的工作和生活当中。客户总是有两种需求：一种是能明确说出的，称之为"有声的需求"；另一种是没有说出来的，称之为"沉默的需求"。通常，有声的需求是大多数企业都会试图满足的需求，而较为困难的是识别客户沉默的需求。事实上，无论在市场内外，客户都在不断地表达着他们的需求。因此，只有加强与客户的沟通，时刻保持对客户的关注，才能真正做到发现客户的需求。

发现客户需求的方法主要有：

（1）提问：要了解客户的需求，提问题是最直接、最简便有效的方式。通过提问可以准确而有效地了解到客户的真正需求，为客户提供他们所需要的服务。

（2）倾听：在与客户进行沟通时，必须认真倾听客户的谈话，理解对方所说的内容，了解对方在想些什么，对方的需要是什么，以便为客户提供满意的服务。

（3）观察：在与客户沟通的过程中，可以通过观察客户的非语言行为来了解其需要、欲望、观点和想法。

（三）维护客户关系

关注客户必须维护好与客户的关系。与客户的感情交流是维系客户关系的重要方式，日常的拜访、节日的真诚问候、婚庆喜事、过生日时的一句真诚祝福、一束鲜花，都会使客户深为感动。做好与客户的及时沟通，需要建立健全客户档案，以便快速地和每一个客户建立良好的互动关系，为客户提供个性化的服务，使客户能获得产品以外的良好心理体验。

维护客户关系的主要方式有：

（1）电话：与客户沟通最主要的工具。

（2）电子邮件、微信、QQ：可以与客户保持密切的联系，如节日问候、新产品介绍、征求客户意见、发送企业内刊等。

（3）短信：也是一个与客户保持长期接触的方式，但必须慎用产品和服务介绍。

（4）信件、明信片：传统的手写信件、明信片，可以给客户与众不同的感觉。

（5）邮寄礼品：节日来临之时，在条件允许的情况下，给客户邮寄些实用性的小礼品，这是实施情感沟通的必要环节。

（6）客户联谊：定期举办各种主题的客户联谊活动，进一步增强与客户的关系。

（四）把握沟通技巧

与客户进行沟通要注意找准时机，注意以下三点：一是不要在客户忙碌时进行沟通，如最好错过刚上班或者即将下班时；二是不要在客户情绪不佳时进行沟通；三是不要打扰客户与亲人相处的时间,如晚饭之后最好不要打扰客户。必须懂得寻找容易与客户互动沟通的时间、地点,而不是自己认为最方便的时间和地点。如果可以的话,最好事先与客户共同商量。

在与客户交流的过程中,要避免使用负面语言及专业术语。你的不慎言行甚至是不雅的口头禅,都有可能降低客户对你的好感。如果你使用了一些负面的词汇或词组,不仅会引起客户的反感,甚至会引起客户的投诉。我们要使用客户听得懂的语言与客户进行沟通。因为与客户进行沟通时,如果一味地卖弄专业术语,用客户听不懂的语言与客户交流,客户就理解不了必要的信息,便会产生沟通障碍。

此外,在与客户沟通时,要善于应用"听、说、问"的技巧。"听"是了解客户经历和需求的重要手段,也是尊重客户的重要表现。倾听的基本要求是集中注意力,用心去听,不要有意打断客户。"说"要把握好语气、语音、语调,不同的语气、语调会给客户不同的感受。讲话时要简洁、文雅,切忌啰唆和粗言俗语,要多使用敬语。我们的服务经验是否丰富,关键在于提问的质量。一般在刚与客户接触时先提开放式问题,紧接着转为封闭式问题,如果连续的几个封闭式问题都遭到客户否认,则立刻再转入开放式问题。同时,在与客户沟通时,要注意避开客户的隐私和敏感问题,否则会引起客户的反感。

 营销分析

买口红

一对热恋中的恋人相约在百货公司门口碰面。女孩因为有事耽搁,打电话告诉男孩她会迟到半个小时。男孩决定进百货公司看看,帮女朋友买些化妆品。

男孩对化妆品不是很在行,对口红却有一点点了解。他走到商店卖口红的专柜前,向导购小姐问道:"我看一下口红。请问这支口红多少钱?"

专柜小姐说:"60元。你要买哪一种颜色的口红?"

"不知道,等我的女朋友来了问她好了!"

专柜小姐说:"先生,不对吧!口红的颜色应该是你来决定呀!是不是你要买口红送给你的女朋友?"

"是啊!"男孩子说。

"你是不是希望你的女朋友擦给你看?"

"对呀!"

"那么在气氛好的时候,她是不是会一点一点地'还'给你呀?"

专柜小姐的话打动了男孩子的心,于是他一口气买下了10支口红。

分析:

为什么专柜小姐的话能打动男孩子的心?

（五）针对不同客户采用不同的沟通方法

不同的客户，受其文化价值观、性别、年龄等诸多因素的影响，有其自身的特点。比如，老年客户怕寂寞，喜欢有人和他们聊天；男性客户自尊心强、怕麻烦，力求方便；女性客户喜欢依赖丰富的想象力去寻求生活上的突破，常常口是心非，对喜欢的东西很难彻底舍弃；沉默型客户拙于"交谈"，怕张嘴，以"说话"以外的形体动作来表达心意。总之，面对不同类型的客户，只有扬长避短，采用有针对性的策略，才能与其有效地沟通。表 4-1 是客户的五种类型及沟通方法。

表 4-1　客户的五种类型及沟通方法

客户类型	特　点	沟通方法
矫揉造作型	自尊心、虚荣心强，喜欢不懂装懂	不要指责其讲话中的问题，应因势利导，保持良好的气氛
吹毛求疵型	妄自尊大，善于诡辩	不与其争辩，表示接受他的建议
讨价还价型	善于讨价还价	讲究技巧，留有余地，态度坚定
满腹牢骚型	怀有强烈的不满情绪	充分理解对方心情，尽量帮助解决问题
豪爽干脆型	办事干脆利落，性格开朗豪爽，易感情用事，缺乏耐心	尊重对方意愿，谈话开门见山，简明扼要

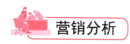

营销分析

只顾生意，不解人意

小李是公司著名的汽车推销员。一天下午，一位顾客西装革履、神采飞扬地走进店里。小李凭借自己以往的经验判断，这位顾客一定会买一辆车。于是，他热情地接待了这个顾客，并为对方介绍了不同型号的车子及其性能。顾客听着小李的介绍，频频微笑点头。然后，两人一起向办公室走去，准备办理手续。

出乎意料的是，这位顾客在由展示场到办公室不足三分钟的时间内，突然莫名其妙地发起脾气来，最后竟然拂袖而去。

为什么顾客突然变脸？小李百思不得其解。小李是那种在哪里跌倒就从哪里爬起来的人，这也是他业绩超人的重要原因之一。当晚，小李就按名片拨了那位顾客的电话。

"您好，先生，实在不好意思，这么晚了还打扰您，不过我有一个问题只能向您请教。我看您今天本来是要买车的，可后来却生气不要了。您能不能告诉我，我哪里做错了，好让我以后改进？"

"你说得对，我本来是要买车子的，而且连支票都开好了带在身上！可是当我在走廊上提到买车子的原因时，你一点反应都没有。你知道吗？我女儿刚考上商学院，全家高兴极了，我买车子就是要送给她的！我说了无数遍女儿、女儿、女儿……可你却一直在说车子、车子、车子……"说完后，这位顾客挂断了电话。

分析：

为什么这位顾客最终不买车了？

二、向客户介绍产品

向客户介绍产品，是与客户沟通过程中最重要的环节，通过产品论述，让客户对产品及自己有所了解，有助于建立和维护客户关系。

（一）了解产品和客户需求

在介绍产品前，我们要对所介绍的产品进行全面、深入、细致的了解，能够准确地阐述这个产品的性能、结构、特点、使用方法及其与他同类产品相比的优势。最好还能从细节上多了解一些该产品易发生的问题点，以及各种实用的解决方法。

介绍产品之前，还应掌握该产品能满足客户的什么需要。你的产品只有能够满足客户的需求，才会使客户对它产生兴趣。因此，沟通的重点不是产品或服务能做什么，而是产品或服务能满足客户的什么需求或解决客户的什么问题。

给和尚卖梳子

有一家效益相当好的大公司，为扩大经营规模，决定高薪招聘营销主管。广告一打出来，报名者云集。

面对众多应聘者，招聘工作的负责人说："相马不如赛马，为了能选拔出高素质的人才，我们出一道实践性的试题：就是想办法把木梳尽量多地卖给和尚。"绝大多数应聘者感到困惑不解，甚至愤怒：出家人要木梳何用？这不明摆着拿人开涮吗？于是纷纷拂袖而去，最后只剩下三个应聘者：甲、乙和丙。负责人交代："以10日为限，届时向我汇报销售成果。"

10天之后到了汇报成果的日子。负责人问甲："卖出多少把？"答："1把。""怎么卖的？"甲讲述了历尽的辛苦，游说和尚应当买把梳子，无甚效果，还惨遭和尚的责骂，好在下山途中遇到一个小和尚一边晒太阳，一边使劲挠着头皮。甲灵机一动，递上木梳，小和尚用后满心欢喜，于是买下一把。

负责人问乙："卖出多少把？"答："10把。""怎么卖的？"乙说他去了一座名山古寺，由于山高风大，进香者的头发都被吹乱了，他找到寺院的住持说："蓬头垢面是对佛的不敬，应在每座庙的香案前放把木梳，供善男信女梳理鬓发。"住持采纳了他的建议。那山有10座庙，于是他卖出了10把木梳。

负责人问丙："卖出多少把？"答："1 000把。"负责人惊问："怎么卖的？"丙说他到一个颇具盛名、香火极旺的深山宝刹，朝圣者、施主络绎不绝。丙对住持说："凡来进香参观者，多有一颗虔诚之心，宝刹应有所回赠，以做纪念，保佑其平安吉祥，鼓励其多做善事。我有一批木梳，您的书法超群，刻上'积善梳'三个字，便可做赠品。"住持大喜，立即买下1 000把木梳。得到"积善梳"的施主与香客也很是高兴，一传十、十传百，朝圣者更多，香火更旺了。

分析：

通过学习本案例，请回答：如果想要卖出手中的产品，我们该如何去了解产品和客户需求？

（二）介绍产品信息

每一位客户在决定购买之前，都会问一个重要的问题："它对我有什么好处？"客户买的不只是产品，而是产品带来的利益。如果你卖人寿保险，你的卖点是险种对亲人的保障；如果你卖家庭用品，你的卖点是产品解决日常繁忙的事务的功能；如果你卖书，你的卖点是书本提供的知识价值。因此，介绍产品的特点，一定要能够满足客户需求，否则再好的功能和特点也不会引起客户的兴趣。

介绍完产品信息后，还应了解和确认客户的反应——客户是否对所介绍的产品或服务能够解决他的问题或满足他的需求抱有信心。如果没有反应，可以使用封闭式的问题提问，进而了解客户对产品或服务的看法。

（三）注意沟通技巧

介绍产品一定要使用客户听得懂的语言，只有通俗易懂的语言才容易被大众所接受。因此，在向客户介绍产品时，要多使用通俗化的语句，避免使用省略语，表达要直截了当，介绍要尽量简洁明了。比如，向客户介绍产品的设计思路、发明过程、生产细节、科技含量、名人使用效果等，介绍中可以用讲故事的方式表达出来。

介绍产品要尽可能做到清楚、简要，切勿东拉西扯，没有中心。说明产品特征时，要介绍明白"是什么"，针对的是客户需要什么产品；介绍产品功能时，要讲清该产品能做什么；介绍产品用途时，要表明该产品可以满足客户的什么需求。即使要对产品进行详细的描述，也要尽可能地扼要和准确。

介绍产品时，最好运用视觉手段，更清楚明了地展示产品。"视"指的就是要"看到"

并且"停留",注意力是关键;"觉"即感受,其关键是唤醒记忆点,唤醒的同时还要让客户记住。所以,介绍的产品要通过视觉手段,才能引起客户的注意。其中,产品介绍辅助工具主要有:样品、笔记本及投影仪、公司宣传画册和产品图片、易拉宝便携展具、相关证件(质量证书、获奖证书、感谢函、客户回访表等)。

介绍产品既要用数字、事实来说服客户,也要用鲜明、生动、形象的语言来打动客户。如果介绍产品只局限于产品的各种性能,是难以使客户动心的。因此,在介绍产品的时候,要学会用比喻等方式形象地描绘产品和利益,尽量少用专业术语。

三、正确处理客户投诉

在日常工作中经常会遇到前来投诉的客户。当客户对企业的产品或服务进行投诉时,我们应运用沟通技巧,与客户进行认真沟通,倾听投诉,初步判断处理,确定责任部门,答复处理意见。

(一) 处理客户投诉的程序

1. 认真倾听投诉

当客户进行投诉时,必须以礼相待,认真倾听,详细记录。我们可以通过有针对性地提问的方式,来大致了解客户投诉的内容与原因,充分了解所需的信息资料,为处理问题收集有效的信息。

2. 初步判断处理

了解了客户投诉的原因与问题,要对其投诉的具体情况进行初步判断。如果不属于企业产品或服务的问题,要以委婉的方式给客户解释,取得客户的谅解,进而消除误会;如果的确是企业自身产品或服务的问题,则应向客户真诚道歉,答应及时帮助客户解决;如果不能立即确定问题所在,与客户沟通,待企业调查后,及时反馈给客户具体意见及处理办法。

3. 确定责任部门

分析客户投诉属于哪一方面,比如,是质量问题、服务问题、使用问题、价格问题、物流问题等,同时,分析客户投诉的要求,以及具体问题属于哪个部门。然后,根据客户投诉的内容,确定相关的具体受理部门和受理负责人。

4. 答复处理意见

依据本企业相关制度,参考《消费者权益保护法》等相关法律规定,提出处理意见,并及时与客户沟通,争取客户对处理意见的认可。如果自己确实无法解决,则应提交给上层领导解决。投诉处理完毕后,应进行回访,并对本次投诉及处理资料整理归档。

(二) 处理客户投诉的技巧

1. 真诚道歉,平息怨气

由于大多数投诉属于发泄性质,所希望得到的是同情和理解,一旦消除了怨气,心理平衡后,问题就容易得到解决。因此,不论责任是否在于企业,都应该诚心诚意地向客户道歉,并对客户提出的问题表示感谢。这样可以让客户感觉受到重视,才能使问题朝着有利于解决的方向发展。

表达歉意时态度要真诚,而且必须是建立在认真倾听了解的基础上。如果道歉与客户的投诉根本就不是一回事，那么，这样的道歉不但无助于平息客户的愤怒情绪，反而会使客户认为是在敷衍而变得更加不满。所以，处理客户投诉要做到"三不七要"。"三不"指：不回避，不害怕，不随意；"七要"指：要真诚，要平等，要虚心，要记录，要报告，要及时，要反馈。

营销分析

叫醒不到位

一天早上9点，上海某饭店大堂黄副理接到住在806房间的客人的投诉电话："你们饭店怎么搞的，我要求叫醒服务，可到了时间，你们却不叫醒我，误了我乘飞机！"不等黄副理回答，对方就"啪嗒"一声挂了电话，听得出，客人非常气愤。

黄副理意识到这个投诉电话隐含着某种较为严重的势态，于是查询了当日806房间的叫醒记录，记录上确有早晨6点半叫醒服务要求，根据叫醒仪器记录和总机接待员回忆，6点半的确为806房客人提供过叫醒服务，当时客人曾应答过。黄副理了解情况后断定责任不在酒店，但他仍主动与806房客人联系。

"孔先生，您好！我是大堂副理，首先对您误了乘飞机而造成的麻烦表示理解。"黄副理接着把了解的情况向客人做了解释。但客人仍怒气冲冲地说："你们酒店总是有责任的，为什么不反复叫上几次呢？你们应当赔偿我的损失！"客人的口气很强硬。

"孔先生，请先息怒，现在我们暂时不追究是谁的责任，当务之急是想办法把您送到要去的地方，请告诉我，您去哪儿，最迟必须什么时候到达？"

黄副理的真诚，使客人冷静下来，告诉他明天早晨要参加西安的一个商贸洽谈会，所以，今天一定要赶到西安。黄副理得知情况后，马上请饭店代售机票处更改下午去西安的机票，而不巧代售处下午去西安的机票已售完。黄副理又打电话托他在机场工作的朋友，请务必想办法更改一张下午去西安的机票，后来又派专车去机场更改机票。

孔先生接到更改的机票后，才坦诚自己今晨确实是接过叫醒电话，但应答后又睡着了，责任在自己，对黄副理表示歉意。

分析：
面对怒气冲冲的投诉客人，我们需要掌握哪些处理客户投诉的技巧？

2. 快速处理，注意措辞

对待投诉应快速处理。解决问题是最关键的一步，只有妥善地解决了客户的问题，才算完成了对这次投诉的处理。一般来说，除了马上道歉外，还要当着客户的面把投诉意见记录下来，告诉客户其意见对企业很重要，并留下其联系方式。客户投诉如当时无法立即解决，需要说明原因和确切解决时间，到时主动约见客户。在与客户沟通过程中，应注意运用恰当的措辞应对客户的不满，处理投诉可以是道歉，也可以是说明，甚至可以是说服。

3. 把握尺度，公平公正

使客户得到满意的答复是处理投诉所追求的目标，但在处理投诉时，要把握好尺度，不能没有原则地讨客户的欢心，原则性的问题要用委婉的语气明确告诉客户。处理问题要坚持公平、公正的原则，对于一些盲目投诉的客户要详细解释，或操作示范，或专家答疑，使其口服心服，同时展示企业的良好形象。

4. 及时答复，适时回访

投诉处理结果应及时回复客户，并通过发短信、打电话等方式与客户再次沟通，调查了解客户对投诉处理结果的满意程度，感谢客户及时提出批评意见或改进建议，以维护好客户关系。

想一想

对待恶意投诉，应该怎么处理？

任务三　沟通礼仪要求

> 不讲究沟通礼仪的人，将会在人际沟通中遭遇失败。

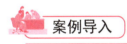

案例导入

请另谋高位

一次某公司招聘文秘人员，由于待遇优厚，应者如云。中文系毕业的小李同学前往面试，她的背景材料可能是最棒的：大学四年中，在各类刊物上发表了 3 万字的作品，内容有小说、诗歌、散文、评论、政论等，还为六家公司策划过周年庆典，英语也极为流利，书法也堪称佳作。小李五官端正、身材高挑、匀称。面试时，招聘者拿着她的材料等她进来。小李穿着迷你裙，露出藕段似的大腿，上身是露脐装，涂着鲜红的唇膏，轻盈地走到一位考官面前，不请自坐，随后跷起了二郎腿，笑眯眯地等着问话。孰料，三位招聘者互相交换了一下眼色，主考官说："李小姐，请下去等通知吧。"她高兴地说了声："好！"便挎起小包飞跑出门。

【案例分析】

案例中李小姐的应聘之所以会失败，是因为没有注意到服饰和礼仪的得体。其实，服装美的最高境界是外在美和内在美的统一。

现代社会人与人之间交往频繁，在与人沟通时，不仅要受到自然规律的影响和制约，还要受到社会规律以及由社会规律决定的各种社会规范的影响和制约。礼仪规范就是其中的一种，它作为人类历史发展中逐步形成并积淀下来的一种文化，始终以某种精神的约束力支配着每个人的行为。

礼仪是指在人际交往中，自始至终地以一定的、约定俗成的程序、方式来表现的律己、敬人的完整行为，是一种具有时代共识的行为准则或规范。其具体体现形式为礼貌、礼节、仪表、仪式等。

> **素质提升小课堂**　　　　　　　　　　　　　　　　　　　　　**待人以敬**
>
> 　　文明礼貌待客，是我国礼仪文化的优良传统。封建社会虽然"贵贱"之别十分严格，但善于待客的人却能置"贵贱"于不顾，并很注意讲究礼貌，这方面有不少故事值得后人学习。据《三国志·魏书·王粲传》记载：后汉时的蔡邕才学卓著，受到朝廷器重，有名的学者常常在其府上聚会。他的家门前几乎每天车水马龙，整个巷子都堵满了。一次，当他听说王粲在门口，慌忙中倒屣出迎。王粲进来后，大家发现他原来是一个衣着寒酸的小伙子，在座者无不惊讶。这便是著名的"倒屣相迎"的故事。由此可见，古人在待客上的礼仪，在今天也是值得称道的。

一、沟通的仪表礼仪

如果是当面的沟通，必须讲究仪表礼仪。所谓仪表，就是人的外观，包括容貌、表情、服饰等给人们的总体印象。

（一）沟通的着装礼仪

在社会交往中，讲究服饰穿戴规范的人，不但能增强自信心，给人以修养好、办事有条理、值得信赖的印象，还能让与你交往的人感到被尊重。当你作为公司一员出席某些社交活动时，服饰还要体现出你所在组织的形象。所以，着装除考虑自身的特点外，还应遵循TPO原则。TPO指的是英文里时间、地点、场合三个单词的开头字母。TPO原则是目前国际上公认的穿衣原则。

1. 应时原则

应时原则表示穿着要注意时间，通指要注意年代、季节和一日各段时间。服饰务必要与穿着的具体时间默契配合，在不同的时间里应当穿着不同的服装，切不可不分四季，不分早晚或是脱离时代地胡乱穿衣。

2. 应景原则

应景原则表示穿着要与场所、地点、环境相适宜。即不同的环境、地点需要有与之相适应的服饰打扮。我们在社交沟通活动中，一定要考虑自己即将前往的活动地点的具体情况。任何人只要到达一定的地点，也就进入了特定的环境，成为其中的组成部分。上班时服饰要正规、庄重，适合着正装，饰物佩戴以少为佳；社交环境应讲究时尚，展示个性，适合穿礼服、时装等；休闲环境要求不高，只要舒适轻松、得体即可，可以选择便装。

3. 应事原则

应事原则是指穿着要考虑我们将要从事的工作，或参加活动的目的。我们每个人都生活在一定的时间、空间中，任何人穿衣服都带有一定的目的性。社交沟通活动中的服饰应当根据自己所参与的事务或活动的不同而有所变化。在处理不同的事务或处在不同的场合时，对于服饰有不同的要求。处理常规事务或在公司上班，此时的服饰应当合乎本组织的规定，要正规、整洁、文明；如果参加一些重要的活动，服饰力求庄重、高雅和严肃；参加欢庆活动、纪念活动等喜庆活动时，选择的服饰可稍显时尚、潇洒、明快；参加悲伤的活动，则应穿着严肃、素雅、肃穆，符合现场气氛。

4. 应己原则

应己原则就是要根据自身条件选择符合自己性别、年龄、肤色、体型的服饰。做到量体裁衣，因人而异。我们在与人沟通交往中，要实事求是地展示自己最佳的着装形象。一件衣服也许款式很新、制作精良，有人穿起来很合适，但并不代表所有的人都合适。如深色服装较适合相对丰满的人穿着，而瘦小的人就不宜穿深色服装。一般来说，服饰色彩的象征意义及明暗深浅的特性，可以表现出穿着者的性格特征，不同性格可以由不同的色彩来表现。性格外向的人，一般喜欢明亮的色彩，如红、橙、黄等暖色，营造出明朗、轻松的气氛；性格内向的人，通常喜欢低调的颜色，如青、蓝、灰、黑等冷色，营造出庄重、沉稳的气氛。

> **议一议**
>
> 为什么服饰穿戴除了要符合 TPO 原则外，还要遵循应己原则？

（二）沟通的佩饰礼仪

配饰可以表现出佩戴者的知识、阅历、教养和审美品位，可借以了解佩戴者的地位、身份、财富和婚恋状况，不仅具有美化的功能，同时还能传播一定的信息，具有一定的象征意义。

在正规场合佩戴饰物，一定要遵守使用规则。一般在数量上要求以少为佳，若同时佩戴多种首饰，则要求总量上不超过三件。除耳环外，同类的首饰只戴一件。色彩上力求同色，质地上最好也能做到几件饰品都同质，这样就显得协调美观。选择饰品时，还要顾及个人的爱好，更要与自己的年龄、职业、工作环境及体形、季节等相吻合。

佩戴饰物要讲究与服装相协调，用装饰品衬托服装，能将你的仪表更好地展示出来。通常领口较低的上衣可用一条项链来装饰，穿运动服或工作服就不宜戴项链、耳环，否则会有不伦不类之感。在饰物颜色、款式的选择上，也要考虑与自己的衣着颜色、款式相协调，或与皮包、鞋子的颜色相搭配。选择首饰时，应充分正视自身的形体特色，力求首饰的佩戴能扬长避短。

（三）沟通的容貌礼仪

修饰仪容的基本规则是美观、整洁、卫生、得体。容貌的修饰主要体现在发型、面部和口部三部分。

1. 发型的修饰

发型最重要的是要整洁，长度适中，适合自己。有条件的话还应定期修剪。在重要的工作场合，男士头发的具体要求是：前发不覆额，侧发不掩耳，后发不及领。留长发的女士，在上班或重要场合中，最好用卡子或者发箍把头发束起来或编起辫子，不要遮住眼睛及脸。一般来说，艺术创作者、演艺界从业者、IT行业从业者等允许保留张扬个性的发型和比较时尚的染发和烫发，而在机关、学校、公司等机构，发型一般要求庄重保守，不能过分时尚。

2. 面部的修饰

面部除了要保持整洁之外，还要注意及时剃掉多余的毛发，如胡子、鼻毛和耳毛等。没有特殊的宗教信仰和民族习惯，一般不要留胡子，要养成每日剃须的习惯。鼻毛和耳毛也要定期修剪。

3. 口部的要求

口部最重要的是要力求无异味。要想保持一个良好的个人形象，应该养成好习惯，饭后及时刷牙，尽量避免在会客前进食有异味的食物，如葱、蒜、韭菜、海鲜等。一旦发现自己口腔有异味，应及时使用漱口水或喷剂清除。

4. 化妆的基本要求

首先，化妆要讲究自然。"清水出芙蓉，天然去雕饰。"在日常生活中应当化淡妆，一般不要化舞台妆。力求化妆之后呈自然状态，不着痕迹，给人以天生丽质的感觉。

其次，化妆要注意协调。这主要指的是化妆要与自身整体的协调、与环境的协调和与身份的协调。

此外，特别注意不要在公共场合化妆。在公共场所、众目睽睽之下修饰面容是没有教养的行为。如果真有必要化妆或补妆，一定要到洗手间去完成。

使用的化妆品最好要成系列，因为，不同的化妆品品牌的香型往往不一样，有时会造成冲突，达不到好的效果。

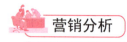

化妆风景线

阿美和阿娟是一所美容学校的学生，两人对化妆都非常感兴趣，走在大街上，总爱观察别人的妆容，因此，发现了一道道奇特的风景线：

一位中年妇女光涂了一个唇膏，没有做其他化妆，而且唇膏是那种很红很艳的颜色，只突出了一张嘴；另外一位女士的妆容看起来真的很漂亮，只可惜脸上很美，脖子却很粗糙，在脸庞轮廓上有明显的分界线，像戴了面具一样；再看，还有的女士用粗的黑色眼线将眼睛轮廓包围起来，像个"大括号"，看上去那么的生硬、不自然；而一位很漂亮的女士，身穿蓝色调的时装，却涂着橘红色的唇膏……

分析：

请帮助阿美和阿娟分析一下，针对以上几种情形，自己化妆时应注意哪些问题？

二、沟通的基本礼仪

沟通的基本礼仪是每一个人立身社会所不可缺少的重要礼仪规范，它可以陶冶人们的情操，沟通人们的思想感情，缩短人们之间的距离。

（一）见面的礼节

在与人交往中，刚与人见面时，常以一定的礼貌动作、姿势来表示对他人的欢迎、尊重、感谢和友好。正确、合乎规范地施行见面礼节，有助于双方开展正常的交往。

1. 握手礼

握手是一种古老的习俗。据专家考证，这种习俗萌芽于石器时代。当时，人们以狩猎为生，也经常发生部落战争，所以，手里常握着棍棒和石块，用它们作为武器以防不测。陌生人相遇，如果彼此没有恶意，就要把手里的东西放下来，然后敞开双手，将手臂伸向天空，或者伸手给对方，让对方摸摸手心，以此来表示自己没有携带或隐藏任何武器，请对方放心，不必防范。后来，这种古老的习俗慢慢演变成一种两手相握的形式，并成为人们见面时相互致意的礼节。

握手礼是当今全世界最通行的迎送和相见的礼节。在交往中，除迎送使用握手礼之外，表示感谢或祝贺时也使用握手礼。行握手礼时，握手的力度大小，可以传达情感强弱的信息。握手时应握紧而不应有气无力。无力度的手，给人以冷漠无情、虚伪之感。当然也不能握得过紧而给对方造成疼痛感。一般来说，握手时，两人相距约一步，上身稍向前倾，伸出右手，四指并拢，拇指张开，双方的手掌与地面垂直，相握三秒左右。男士之间握手，可适当用力，以示热情。男女之间握手的力度不宜过大。握手时应注视对方，微笑致意或进行简单的问候、寒暄。此外，握手还要遵循一定的原则，即：

（1）年长的与年轻的握手：年长的先伸手。

（2）女士与男士握手：女士先伸手。

（3）上级与下级握手：上级先伸手。

（4）社交场合先到者与后到者握手：先到者先伸手。

（5）主人与客人之间握手：主人先伸手。

也就是说，在社交场合握手时伸手的顺序颇多讲究，一般由"尊者决定"。

 **营销分析**

一次尴尬的握手

李扬是某单位的经理,有一天,他被邀请参加一场晚宴,此次晚宴规模盛大,聚集了职场上的很多成功人士。宴会上,李扬被朋友介绍给了一位曹女士。为了表示自己的友好,他先把手伸了出去,可是那位曹女士居然没有反应,还在与一旁的朋友说说笑笑。李扬觉得非常尴尬,但又不想把手再缩回去了,撑了大概20多秒,那位女士还是不配合,后来他一着急说了声:"蚊子!"转手去打莫须有的蚊子了。这种场面让周围的人都不禁捏了把冷汗。李扬也是满脸通红地离开了。

分析:
握手礼仪要遵循什么原则?

2. 点头礼

点头礼又叫颔首礼,它适用于路遇熟人或在会场、剧院、歌厅、舞厅等不宜与人交谈之处,或遇多人见面无法一一问候之时。行点头礼时,一般不应戴帽子,具体做法是头部向下轻轻一点,同时面带笑容,不宜反复点头不止,点头的幅度也不必过大。

3. 注目礼

在升国旗、游行检阅、重要会议开幕仪式、剪彩揭幕、开业挂牌等活动中,适用注目礼。具体的做法是:起身立正,抬头挺胸,双手自然下垂或贴放于身体两侧,表情庄重严肃,双目正视于被行礼对象,或随之缓缓地移动。

4. 鞠躬礼

一般用于向他人表示感谢、颁奖或演讲之后、演员谢幕、举行婚礼、参加追悼活动等。行礼时,要求脱帽立正,双目凝视受礼者,然后上身弯腰前倾。男士双手应贴放于身体两侧裤线处,女士的双手则应下垂搭放在腹前。下弯的幅度越大,表示尊重的程度越高,受礼者应鞠躬行礼相还。长者、贵宾、女士可欠身点头还礼。

鞠躬的次数可视具体情况而论,一般是深深地鞠一躬,表示深切的感谢,唯有追悼活动才采用三鞠躬。

5. 介绍礼节

介绍和被介绍是社交活动中非常重要的一个环节。相对比较简单的是自我介绍,可直截了当地介绍自己所在的组织机构名称和自己的职务、姓名即可。当你为别人做介绍时,要面向双方,伸出手掌朝向被介绍者,介绍顺序是:将男士介绍给女士,将年轻者介绍给年长者，将职位低者介绍给职位高者，将自己的上司或同事介绍给客人，然后再反过来介绍。当别人介绍你时，被介绍者应回应对方，行点头礼或伸手行握手礼，不应冷漠对待。

介绍的过程是情感建立与沟通的过程，最容易给人留下直观的印象。所以，应该像表演那样把每个细节都刻画得精致准确，这是一种职业素养。

（二）拜访与待客的礼节

拜访与待客对于建立联系、交流信息、情感沟通、发展友谊等有着其他活动不可替代的作用。

1. 拜访的礼节

无论是公务拜访还是私人拜访，最好不要"无事不登三宝殿"，应该使拜访经常化。只有这样，感情联系才可能紧密牢固。拜访时间要避开吃饭和午休时间，晚上不宜过晚拜访。最好在拜访前预约，可避免吃"闭门羹"，也有利于对方安排好接待时间。如果有事或无法预约而需要直接拜访，应向主人致歉并说明原因。拜访时应注重自身的仪表，整洁的仪表服饰可表达来访者对主人的尊重。拜访的时间不宜过长，以免影响主人的休息，告辞时应向主人道谢，礼貌告辞。

2. 待客的礼节

待客的总要求是：热情、周到、注重礼节。在对方约定来访之前，应做好待客准备，收拾好待客场所，准备茶具等。来访者到来时，应及时相迎，让座；在与客人交谈时，无论对方的话题你是否感兴趣，都要尽量克制不耐烦的情绪，以免引起客人不满，影响今后交往。还要注意待客时要衣冠整洁，特别是在家中待客，不得只穿内衣、睡衣或赤脚待客，这样都是不尊重对方的表现。

（三）电话礼仪

使用电话是现代人际沟通中最普通的交流方式。正因为其普通，才更需要我们掌握电话礼仪，即在通电话时，要做到时间适宜、内容简练、表现文明。

1. 拨打电话的礼仪

拨打电话给他人，要讲究"两限制一文明"，即时间限制、内容限制、通话文明。

时间限制——是指选择不影响他人休息、用餐的时间拨打电话，不在私人时间（下班后）打公务电话。通电话时把握时间，以短为佳，宁短勿长，通话尽量不超过三分钟。

内容限制——是指在通话时要简明扼要，寒暄后就直言主题。最好在通话前有所准备，避免边说边想，丢三落四，切忌吞吞吐吐，含糊不清。当要讲的话讲完时，果断地终止谈话，不要反复唠叨。

通话文明——是指在通话时，要做到以礼待人，文明大度，尊重自己的通话对象。使用"您好""再见"等礼貌用语。

"最懒的人"业绩却最高

李默大学毕业后，到一家公司做电话促销员，销售数据存储器。他一上班就开始打电话,一直不停地打,说得口干舌燥,甚至连喝口水的时间都没有。工作中,他不断地遭到拒绝和谩骂,但他没有放弃,一直打到下班为止。他粗略统计了一下,有时一天竟然能打300多个电话。他成了公司里最能吃苦的人,可是他的业绩并没有上去。

问题到底出在哪里呢?他每次打电话到一家公司找领导,基本上都被秘书拒绝了,秘书问他:"你有预约吗?""没有。""那不行,我们领导很忙,都预约到明天了。"就这样,他被拒绝了。他的电话打不到领导那里,自然就毫无用处,但为什么有时又能打到领导那里呢?

之后,他开始对自己拨打的每一个电话进行记录与分析,发现了其中的规律,就是早上刚上班的几个电话成功率最高,下班后拨打的电话也很有效,这是为什么呢?他带着这样的疑问到这些公司进行暗访,发现只有在这两个特殊的时间段里,电话才能够越过尚未来上班和已经下班的秘书,直接打到企业负责人那里。通过分析调查,他总结出在早上8:00—8:30和下午6:00—6:30这两个时间段拨打电话,能够避开秘书,直接与领导预约会面,从而提高推销的成功率。

自此以后,他成了公司最闲适的人,可是业绩却慢慢地上来了,后来他成了公司"全球化3.0时代"业绩最高的"最懒的人"。

分析:

(1) 为什么说案例中的李默虽然是"最懒的人"但业绩却是最高的?

(2) 结合案例分析,给领导打电话时要掌握哪些时间技巧?

2. 接听电话的礼仪

接听电话时要以愉悦的心情、清晰明朗的声音,给对方留下美好印象。

一是及时接听。一般在铃声响起三声之前及时接起,如因特殊情况不能及时接听的,在通话时向对方表示歉意。

二是谦和应对。拿起话筒,首先向对方表示问候,并自报家门,以谦恭友好的语气聚精会神地接听电话,接听电话时不要与他人交谈或看报、看电视、吃东西。若遇开会期间有人打进电话,可向其说明原因,表示歉意,会议结束后再联系。

三是礼貌结束。通话终止时，要向对方道一声"再见"，方可轻放话机。若为他人代接、代转电话，要注意以礼相待，尊重隐私，不打听对方不愿说的事情。要准确记录及时转达通话要点，以及对方的单位、姓名、回电时间等内容。

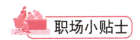

接到不懂礼仪的人打来电话时的对策

商务场合中总是有一些不懂礼仪的人，在打电话时不考虑对方的感受，遇到这种情况时应如何应对呢？

1. 反复陈述型

接到"反复陈述型"的电话，应适时说："×先生，容我对您刚才所讲的内容做个总结，如果有遗漏或错误的地方，请随时更正或补充。"

2. 一心二用型

有的人在和你通电话时又和别人讲话。应付这样的人，可以建议他在不忙时和你见面再谈，或要求他重复刚刚说的话："×小姐，我这里听得并不很清楚，请您再说一遍好吗？听起来您好像也在和其他人说话！"

3. 避重就轻型

当对方避重就轻时，你可以直接切入主题："×先生，您到底需要什么？我要如何才能帮到您？"

4. 喋喋不休型

接到"喋喋不休型"而又与己无关的电话，应立刻打断他的话："对不起，我不认为这件事我能帮什么忙，但听起来应该和我们的业务部有关，请您稍等，我帮您转业务部李小姐。"

（四）探望病人的礼节

及时探望生病的长辈、朋友、同事、同学，是人际沟通的重要环节。通过探望病人，可以加深双方的了解和感情，增进友谊，有利于更好地沟通。

1. 了解病情

在有了去探望病人的打算后，就应该了解病人的一些基本情况，不但要了解病人的病情现状和治疗情况，还应该了解病人的心理状况和情绪状况。这样，可以使自己在与病人交谈时，不会因出言不慎而影响病人的情绪。人在生病时，往往比较脆弱，特别是病情较重的人，所以，要在探望病人前了解基本病情。

2. 提前预约

提前预约在普通拜访时是一个基本礼仪，而在看望病人时则更显重要。大多数医院对于亲属探望病人都有明确的规定和时间安排，在一些传染病医院、妇幼保健医院，相关规定更为严格。因此，探望病人一定要提前预约，了解清楚探视时间和病人接受治疗的安排情况后再去探望。

3. 准时到达

住院期间，病人的生活相当规律，接受治疗和休息时间都安排得很规范。因此，在探望病人时，我们一定要准时到达，严格按照约定的时间去看望，避免影响病人休息或者耽误其接受治疗，否则，不仅失礼，也容易空跑一趟。

如果去病人的家中探望，通常要避开午休和晚上的时间。进屋必须要敲门，一方面是为了对病人及其家人表示尊重，另一方面是给病人留出穿衣、盖被或稍作整理的时间。

4. 语言轻松

探望病人时，用词要讲究分寸，说话时不可兴高采烈，也不要表现出紧张、厌恶的表情。要神态自然、语调轻松。闲谈话题应轻松愉快，尽量避开病情，注意忌讳，多说些以往的美好时光，鼓励病人安心休息，早日康复。

5. 谨慎选礼

在探望病人时，选择礼物要谨慎。礼物不在轻重，可以是鲜花，也可以是水果、食品或书刊，但应以满足病人的需要，使病人尽快康复为原则。送鲜花时，应注意"花语"，注意不要送纯色的白花。还要注意有些病人或同病房的人可能对鲜花过敏，如患呼吸道疾病的病人，不适宜呼吸有花粉的空气，就不能选择送花。送水果或食品时，一定要适合病人食用。要考虑哪些是病人能吃的东西，病人忌讳或不能吃的东西不要送。

6. 结束探望

从健康的角度考虑，最好能够适时、婉转地结束探望，一方面避免因为自己探视时间过长影响了病房里其他病人的休息，另一方面也可以避免病人因疲劳而影响身体恢复。探望时间一般以十几分钟为宜，最多不超过半个小时。

（五）宴会礼仪

有许多重大的喜庆、婚丧、应酬等活动通常都会安排成宴会形式，在用餐过程之中进行交际沟通。不论是中餐还是西餐，都有其特别的规矩，我们只有按照宴会礼仪要求，才能避免失礼的情况发生。

1. 赴宴礼仪

赴宴时一般应早于约定时间五分钟左右抵达。过早会给主人带来接待的麻烦，过迟则会影响宴会开宴时间。参加宴会时要注重个人仪表，整洁为首要要求。入座时，可从自己座位的左侧入座，坐姿要端正，不要在餐桌上东张西望，或摆弄餐具等。当主人打开餐巾时，即表示宴会开始，客人应随后打开餐巾，并摊于腿上。若主人举杯敬酒，客人应起立，举杯时应目视对方，并微笑致意。敬酒者杯沿应略低于对方杯沿，以示尊重对方。

在宴会中，应尽量避免中途退场。如果确需中途退场，只要悄悄向主人说明即可，不能因你的离去而扫他人之兴。

2. 用餐礼仪

餐前服务员递的热毛巾是擦嘴和擦手的，不要用来擦脸、擦脖子等。用餐时忌用筷子指点别人，也不要用筷子当牙签剔牙；西餐用刀叉一般是左手拿叉右手拿刀；用餐时，嘴不要发出声音，餐具也要尽量避免相撞发出声音；要注意不要乱吐骨头、鱼刺等，应将其放在骨碟里；剔牙时要注意用手遮口，用牙签剔牙缝。用餐结束时，餐巾应放在桌面上，如果主人将餐巾放在桌面上，则意味着宴会结束，客人可起立离席；告辞时，主人将客人送到门口，主宾致意道别。

3. 宴会桌次与席位

较为正式的宴会，一般均安排桌次与席位。桌次安排的方式是：以主桌为基准，主桌安排主宾。主桌一般位于厅堂正中或正对入口处，其他桌次以离主桌远近而定。正式宴会，一般都事先安排座次，以便参加宴会者入席时井然有序，同时也是对客人的一种礼貌。非正式的宴会不必提前安排座次，但通常座次也有上下之分。

（1）座次安排的原则。座次安排要注意下列原则：

① 以右为尊，左为卑。我国传统的礼仪是以左为尊，有个成语叫"虚左以待"，表示空出左边的位置以招待宾客。但国际通行的做法却是以右为上，悬挂两国国旗时，客方的国旗在右边，主方的国旗在左边。

② 面门为上，以远为上。就是面对房间正门的位置、距离房间正门最远的位置最高，主座是指距离门口最远的正中央位置，一定是第一主人（主陪）坐。让客人坐在主座算是失礼的行为。第一主人可以指定客人的座位，通过分配座位，暗示谁对自己最重要；工作人员、秘书等坐在离门近的位置，可以方便开、关门，呼唤服务员提供服务等。

③ 关注当地座次礼仪。业务员如果是在客户所在地设宴款待客户，在宴请之前可向当地人了解一些地方性风俗，因为各地的"地方讲究"可能会有不同。

需要注意的是，在安排座次时，不要过于拘泥于这种所谓"座次"的讲究，以免大家觉得过于客套，显得生分，从而使整个用餐过程变得比较拘束。

（2）宴会座次安排的方式。目前餐桌的一种典型次序为：

第一主人（主陪）面对餐厅门口就座，其右侧为第一客人（主宾）、左侧为第二客人（副宾）；第二主人（副陪）背对餐厅门口就座，他的右侧为第三客人、左侧为第四客人；如有其他陪同人员，则在餐桌两侧就座。这样的座次排序使每位陪同人员的两边都是客人，更加方便为客人布菜、敬酒，照顾客人，如图4-1所示。

还有一种座次也比较常见，第一主人（主陪）右侧的位置是第一客人（主宾），左侧是第三客人，第二主人（副陪）右侧是第二客人（副宾），左侧是第四客人。这种座次排序主要是强调一对一照顾，如图4-2所示。

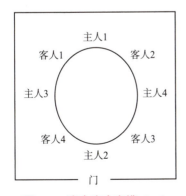

图4-1　宴会座次安排（一）

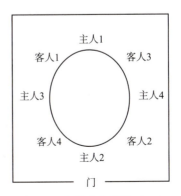

图4-2　宴会座次安排（二）

三、涉外沟通礼仪

随着我国国际地位的提高，国际交往也日趋普遍，涉外沟通礼仪随着涉外活动的增多而日趋重要。涉外沟通礼仪就是与外国人打交道时所需要注意的礼仪。不同国家、不同民族必然有着文化差异，沟通交流就存在礼仪差异。我们应该尊重他人的生活习俗，学习涉外沟通礼仪，跨越差异障碍，获得涉外沟通的成功。

（一）习俗的礼仪

每个国家、每个民族都有自己的风俗习惯。虽然涉外习俗礼仪很多，但我们首先要了解的是他们的禁忌，不要因不懂禁忌而影响沟通效果。在涉外交往中，要做到"入境而问禁，入国而问俗，入门而问讳"，这样，才能与外国人有效地进行交往沟通。

欧美国家普遍忌讳"13"这个数字。另外，在安排欧美国家的涉外交往活动时也应避开周三和周五，他们认为这两天不吉利，如果"星期三、星期五"正巧和"13"日重合，则更为凶险，被称为"黑色星期三或黑色星期五"。同时，他们忌谈个人私事，忌说"老"，不喜欢黑色，偏爱白色和黄色，喜欢蓝色和红色。当我们要与欧美人沟通洽谈时，就应注意避开忌讳的日子请客或办庆典之事，否则会引起对方的不愉快。

在东方一些国家则忌讳"4"这个数字，在日本忌讳"4"和"9"，因为，在日语中"4"和"死"同音，"9"的发音与"苦"相近，因此也在忌讳之列。与日本客人做生意，不要选择2月和8月，因日本商人忌2月和8月，认为这两个月是淡季，会影响生意。

泰国人最忌讳别人摸自己的头部。因为，他们认为头是神圣的，是智慧所在，如果你摸他的头则表示你对他极度的不尊重。

法国人忌黑桃图案（不吉利）、仙鹤图案（淫妇的代名词），还忌大象图案（意为蠢汉），忌黄色的花（意为不忠诚），忌菊花（代表哀伤）。

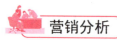
营销分析

把黄鳝当泥鳅

有一家中国出口公司向日本出口泥鳅。一次，他们打开冷库时发现只有黄鳝没有泥鳅。可这时发货日期已到，考虑到与日本进口商是老关系了，中国的出口商就自作主张把黄鳝当泥鳅运到日本，心里还得意地想，这下对方要感激我了，我把价格贵的黄鳝当低价的泥鳅给你了。可是货到日本，日商大吃一惊，并立即要求退货，同时要求索赔。中国出口商不解：我们吃亏了，你们还要退货？日商回答说："黄鳝像蛇，很可怕，我们日本人从来不吃。泥鳅在日本很受欢迎，已经吃了一百多年了。所以黄鳝再贵，在日本却没有市场。"

分析：

为什么案例中的日本进口商会向中国出口商要求索赔？

（二）交谈礼仪

首先要选择好话题，即选择对方喜闻乐道的话题。一般来说，可选择体育比赛、文艺演出、电影电视、旅游度假、风景名胜等人们普遍感兴趣的话题，外宾同样乐于谈论。要获得好的交谈效果，可以事先研究一下外宾的兴趣爱好，可以"投其所好"地选择话题，营造轻松愉快的谈话氛围。

其次，要注意回避不宜涉及的谈话内容。比如，不能泄露国家机密和行业机密；不能对自己的国家和政府横加指责；不能对外宾国家的内部事务横加干涉；不宜涉及格调不高的话题；不宜随意评论交谈对象；不宜打探对方个人隐私。

最后，不要迎合他人的无理话题。虽然我们希望与自己的沟通对象沟而能通，但却不能因此而曲意迎合他人的无礼话题。由于国情不同和意识形态的差异，我们同外宾对一些问题的看法有时会截然不同。对此，我们应采取正确的态度，不卑不亢，不失礼也不无原则。

（三）馈赠礼仪

馈赠作为社交沟通活动的重要手段之一，受到古今中外人士的普遍肯定。馈赠作为一种非语言的重要交际方式，是以物的形式出现，以物表情，礼载于物，起到寄情言意的"无声胜有声"的作用。得体的馈赠，恰似无声的使者，给沟通活动锦上添花，给人们之间的感情和友谊注入新的活力。

中国是礼仪之邦，热情好客是大多数人的待客之道。"有朋自远方来，不亦乐乎？"许多人都会以赠送礼品来表达心意。但涉外赠礼，一定要遵循国际社会所通行的礼品赠送规则。不同的人选择的礼品不一样，所谓"鲜花赠美人，宝刀赠壮士"。既要考虑礼品的纪念性，还要考虑其携带性，更不能犯忌。除此之外，还应选择送礼的时间、地点、方式。

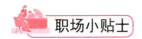
职场小贴士

礼品赠送规则

国际社会通用的礼品赠送规则是"五W规则"，即英文"Who、What、When、Where、Which"的第一个字母的简称。

Who——是指送给谁。要明确受礼的对象是谁，性别、年龄、身份是什么。

What——是指送什么。不能将中国人喜欢的药品、补品、保健品等作为礼物送给外宾。因为在国外，个人的健康属于"绝对的隐私"。

When——是指什么时间送。拜访客人应该在见面之初送上，接待客人则应在临别时送。

Where——是指在什么地点送。公、私不能一样。因公交往选择办公地点送，因私则在私人居所送。

Which——是指用什么方式送。不同身份由相应身份的人来送。为了表示重视可由地位高、辈分高的人来送。

礼品的包装也不能忽略，外宾认为包装是礼品的有机组成部分，不能以中国人的实惠观点对待包装，还应对所送礼品的产地、特征、用途以及寓意进行简要介绍。

向阿拉伯人送礼要尊重其民族和宗教习俗，不能送古代仕女图，因为阿拉伯人不愿让女子的形象在厅堂高悬；不要送酒，因为多数阿拉伯国家明令禁酒；向女士赠礼，一定要她们的丈夫或父亲在场，赠饰品给女士更是大忌。在送法国人礼物时，不宜送刀、剑、剪、餐具或是带有明显广告标志的物品，忌讳男士向女士赠送香水，在接受礼品时若不当着送礼者的面打开其包装，则是一种无礼的表现。日本人送礼一般用单数，尤其是3、5、7这三个数，不用梳子、手绢作礼物，个人赠礼须私下送出。收到日本人的馈赠，不能当着送礼者的面看礼物，而欧美人通常当面打开礼物。

议一议

你如何理解涉外礼仪中"不卑不亢"的意思？

知识与技能检测

【同步测试】

一、单项选择题

1. 当主人亲自驾驶轿车时，一般前排座为上，后排座为下，以右为上，以左为下，最尊贵的座位是副驾驶座，如果是专职司机驾驶时，最尊贵的座位是（　　）。

　　A. 司机后方的座位　　　　　　　　B. 所有的位置都可以
　　C. 副驾驶后的座位　　　　　　　　D. 副驾驶

2. 在参加各种社交宴请时，宾客要注意从座椅的（　　）侧入座，动作应轻而缓，轻松自然。

　　A. 右侧　　　　B. 左侧　　　　C. 后侧　　　　D. 前侧

3. 探望病人的时间长短以（　　）较为适宜。

　　A. 两小时以上　　B. 1~10分钟　　C. 30分钟以上　　D. 10~30分钟

4. 沟通一定是（　　）的。

　　A. 单向的　　　　B. 多向的　　　　C. 双向的　　　　D. 反复的

5. 领带的搭配最重要的是考虑领带的（　　），应以衬衫或西装颜色为底色来选择。

　　A. 牌子　　　　B. 色彩　　　　C. 形状　　　　D. 价格

二、多项选择题

1. 用餐中途需离开时，筷子暂时不用时不应该（　　）。

　　A. 插在碗里　　　　　　　　　　　B. 放在碗上
　　C. 拿在手里　　　　　　　　　　　D. 搁在餐碟边上

2. 影响人际关系的心理因素有（　　）。

　　A. 嫉妒心理　　B. 羞怯心理　　C. 自卑心理　　D. 恐惧心理

3. 正式场合，女士不化妆会被认为是不礼貌的，要是活动时间长了，应适当补妆，但不要在（　　）补妆。

　　A. 办公室　　　B. 餐桌上　　　C. 公共场所　　　D. 洗手间

4. 握手时有一些禁忌，其中包括（　　）。

　　A. 不要用左手同他人相握　　　　　B. 不要用双手与人握手

C. 不要隔着人和别人握手　　　　　　D. 不要跨门槛握手

5. 在递送名片时，不正确的做法是（　　）。

A. 用左手递名片　　　　　　　　　　B. 在用餐时发名片

C. 用手指夹着递送名片　　　　　　　D. 按照次序递送名片

三、判断题

1. 介绍和被介绍是社交中非常重要的一个环节，介绍的顺序是：把女士介绍给男士，将年轻者介绍给年长者，将位高者介绍给位低者。（　　）

2. 自信是发自内心的自我肯定与相信。（　　）

3. 一个成功人士，需要25%的沟通，75%的天才和技能。（　　）

4. 沟通是人们在互动过程中，通过某种途径或方式，将信息从发送者传递给接受者，并获得理解的过程。（　　）

5. 自卑心理障碍的克服技巧，主要是从锻炼性格入手，有意识地多参加集体活动，培养独立自主的性格，多与人交往，特别是要与性格开朗的人交往。（　　）

四、问答题

1. "出门看天色，进门看颜色。"脸色的观察对我们的交流沟通有什么作用？

2. 为什么说成功的沟通者是生活中的有心人？

3. 为什么如今"皇帝的女儿也愁嫁""酒香也怕巷子深"？

4. 投诉分两种，一种是善意投诉，即确实因为产品、服务、使用、价格等方面的实际原因而引起的顾客投诉；另一种是恶意投诉，即出于敲诈钱财，破坏、打击销售等为目的的所谓"投诉"。对待恶意投诉，你应该怎么办？

5. 为什么强调拜访他人之前要预约？

【综合实训】

不同国家的赠送礼仪与禁忌

[实训目的]

1. 了解涉外礼仪中的禁忌和规范。
2. 训练学生与客户沟通的技巧,并能合理运用各种沟通礼仪。
3. 锻炼学生处理问题的能力,展现文化自信。

[实训要求]

1. 某外贸公司准备在接待来华的意大利客户时送每人一件小礼品。于是,该公司订购制作了一批名厂生产的真丝手帕,手帕上绣着花草图案,十分美观大方。手帕装在特制的纸盒内,盒上印有公司的logo,显得很有档次。中国丝织品闻名于世,料想会受到客人的喜欢。接待人员在车上代表公司赠送每位客户两个手帕。没想到收到这个礼品后,车上一片哗然,议论纷纷,多数客户显出很不高兴的样子。特别是一位女士,显得极为气愤,还有些伤感。

2. 要求学生分组进行访问和调查并结合文献研究,了解意大利客户不满意的原因。

3. 各小组需要针对不同国家的赠送礼仪与禁忌做一次调研,并根据调研的结果相互演示不同国家的馈赠礼仪及禁忌。

[实训步骤]

1. 根据教学班级人数确定学习小组(5~8组为宜),每组6~8人。
2. 小组讨论选出组长,并分工进行文献研究,收集资料。
3. 以小组为单位组织研讨,形成小组的课题研究报告,并制作PPT或者自拍DV相互演示不同国家的馈赠礼仪及禁忌,也可以现场演示。
4. 同学互评和教师点评,然后综合评定本次各小组及成员的实训成绩。

[实训考核]

1. 实训准备工作。(10分)
2. 各组在本次实训的组织、分配、管理等过程中的表现。(20分)
3. 各组提交的实训报告的质量和汇报PPT的演示效果。(50分)
4. 学习小组的团队合作精神。(10分)
5. 同学互评,教师点评。(10分)

项目总结

通过对本项目的学习，我的总结如下：

一、主要知识

1.

2.

3.

4.

二、主要技能

1.

2.

3.

4.

三、成果检验

1. 完成任务的意义有：

2. 学到的知识和技能有：

3. 自悟到的知识和技能有：

4. 你对营销沟通趋势发展的判断是：

项目五

内容营销

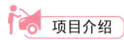 项目介绍

内容营销是一个总称,包括所有的营销方式,涉及建立或共享的内容,目的是接触影响现有的和潜在的消费者。内容营销以改变顾客的购买行为和销售培养为目的,由企业以图片、文字、动画等介质向目标顾客传递相关有价值信息的营销活动。做好内容营销的关键是做好有价值的信息工作。通过这些信息传达出理解顾客的需求并愿意与他们建立某种联系的信号。

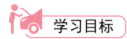 学习目标

知识目标
- 了解软文营销的实施步骤,掌握软文写作的技巧;
- 了解短视频特征,熟悉短视频营销过程;
- 了解直播营销特征,熟悉直播内容策划,学会粉丝维护。

能力目标
- 能够根据产品特点有针对性地制定出内容营销方案;
- 能够创造和有效传播有价值的营销内容来取得理想业绩。

素质目标
- 培养学生对热点内容的把握与运用能力;
- 培养学生的内容营销创新精神;
- 培养学生内容营销的获取能力;
- 培养学生创新思维。

学习计划

	任务内容	软文营销	短视频营销	直播营销
课前预习	预习时间			
	预习结果	1. 难易程度 ○偏易（即读即懂）　○适中（需要思考） ○偏难（需查资料）　○难（不明白） 2. 问题总结		
课后复习	复习时间			
	复习结果	1. 掌握程度 ○了解　　○熟悉　　○掌握　　○精通 2. 疑点、难点归纳		

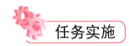 **任务实施**

任务一　软文营销

软文营销是一种创新型的软广告，它向用户传递有价值信息的同时，巧妙地植入产品广告，促成交易。

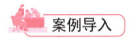 **案例导入**

经典的脑白金软文营销

脑白金曾经在几代国人的心中留下了它的广告和大名——"今年过节不收礼，收礼只收脑白金"的洗脑广告一度成为很多人的记忆。其实，在一开始，脑白金这一品牌和产品是根本没有资金进行电视广告投放的，当时，脑白金的创始人史玉柱正负债2.5亿，但凭借着天才的经商头脑，在三年内就依靠脑白金赚得了超过10亿元的销售额，这还要归功于脑白金的软文营销。

很多人都认为史玉柱是软文营销的开创者，是他让人们看到了文字还可以这么玩。

在内容上，脑白金的软文以医疗健康科普类的主题为主，与其产品的保健功能非常吻合，并且在专业度上拥有权威机构或者专家的认同，可信度很高。取材主要是人们普遍关注的健康、养生、长寿等话题。

脑白金的软文营销主要分为两个阶段，在第一阶段，推出如"人类可以长生不老吗？""两颗生物原子弹"这样的新闻性软文，在其中并没有插入脑白金的产品信息，而只是反复出现一个"脑白金体"的器官，故弄玄虚。人们出于对自身健康的重视以及猎奇心理，对这类标题和文章很容易产生兴趣，而在多次看到"脑白金体"后，就会不由自主地对其产生好奇和探究，在软文的渲染和描述中，这一器官的神秘性引发了很多人的兴趣。

在引起人们对"脑白金体"的关注后，这些文章内容以专业的健康知识普及讲解人们在生活中常常遇到睡眠和饮食问题，提供一些解决方法，并趁此插入脑白金的产品功效，不断地突出脑白金的益处和重要性。

【案例分析】

脑白金的软文击中了人性对生命和健康的重视，以及好奇的天性，其权威性和普及性具有非常强的说服力。软文站在人们的健康角度上提供了很多有用的问题及解决方案，以理服人，赢得了很多人的信服，因此，脑白金获得了巨大的成功。

一、软文营销基础认知

（一）软文的基本概念

软文顾名思义是相对于硬性广告而言，由企业的市场策划人员或广告公司的文案人员来负责撰写的"文字广告"。与硬广告相比，软文之所以叫作软文，其精妙之处就在于一个"软"字，它将宣传内容和文章内容完美结合在一起，让用户在阅读文章的时候能在不知不觉间了解策划人所要宣传的东西。

（二）软文营销的定义

软文营销，就是指通过特定的概念诉求，以摆事实讲道理的方式使消费者走进企业设定的"思维圈"，以强有力的针对性心理攻击迅速实现产品销售的文字模式和口头传播。

（三）软文营销的特点

软文的本质是广告，因此追求低成本和高效回报，不要回避商业的本性。但是经常有各种伪装形式（如新闻资讯、管理思想、企业文化、技术文档、评论以及包含文字元素的游戏等）的文字资源，其宗旨是制造信任，使受众从信任到信赖，从信赖到购买。关键要求是把产品卖点说得明白透彻，使受众记得住，着力点是兴趣和利益，重要特性是口碑传播性。

> **想一想**
>
> 相比硬广告，软文广告有哪些优势？

（四）软文营销实施步骤

软文营销，是网络时代最重要的营销方式之一，也是企业必选的营销方式之一。可是软文营销要求实施者具备综合型的素质，一般新人很难体现出软文营销的内在魅力，而因此陷入软文营销创作的困惑之中。以下是软文营销的实施步骤。

1. 市场背景分析

软文营销是营销行为，进行市场分析是十分必要的，了解企业面对的用户特点，才能准确地策划软文话题，选择正确的媒体策略。就企业而言，有其各自擅长的领域，如母婴类商品面对的是育龄女性，体育用品面对的是爱好健身的人群。所以，企业也是行业各异，不同企业可能在营销的需求方面差异很大。

2. 软文话题策划

软文话题的策划要准确把握用户群的特点，再者就是根据营销的导向性来策划话题。如果是在企业运营起始阶段，应该注重用户信任的建立；如果是成熟的企业，应该侧重活动和特色产品的推广，用以直接带动产品的销售；如果是品牌推广，文章话题侧重企业的公关传播，突出企业的社会责任感。总之，软文话题是可以包罗万象，多写多想便能策划出好的软文。

3. 软文媒体策划

软文媒体策划，就是软文传播的媒体策略，即媒体选择。目前，很多专业服务商应运而生，通过分析企业发稿需求，为企业量身定制新闻营销发布方案，且提供新闻源套餐、外链套餐、新闻门户套餐、行业套餐等多样化发稿服务，让企业有的放矢，精准命中目标客户。

4. 软文写作

软文写作按照软文策划案编撰软文文案即可，但是好的软文并不容易写出，需要作者对于文章结构、内容规划以及语言表达等方面有一定功底。

5. 软文发布

软文发布是将编撰好的文稿发布到策划好的目标媒体上。目前，软文发布平台包括门户网站、论坛、微博、微信等，但首选渠道是百度新闻源或者网站转载率高的、权重比较高的渠道，同时，要辅助于现在一些比较流行的垂直论坛，以及博客、微博、微信等形式，确保软文能达到一个比较好的传播效果。

6. 软文营销效果评估

软文营销的效果其实是企业最关心的问题，但是如何评价软文营销的效果呢？一般来讲，以发布之后几天的销售和流量提升来考核是不合理的，因为，软文自身的优势在于网络口碑与推广的持续效果。

一般来讲，企业进行软文营销，把握好以上六步，便可以顺利地实施软文营销，但是实际操作中需要有经验的顾问做项目经理，来整体管控软文营销的实施，这样效果才能保证。

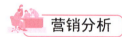营销分析

华为《千万不要用猫设置手机解锁密码》

2014年《千万不要用猫设置手机解锁密码》这篇文章曾经登上过微博热搜，在其他很多网络社交内容平台上也有很高的阅读量和转载量。光是看这个标题就已经觉得非常有趣，引发了很多人的猜想和疑惑，而其内容更是意趣盎然。主人公以轻松通俗的口吻记述了自己某天突发奇想用猫设置手机解锁密码的缘由、经过、意外和结果，还附上了手机和猫的照片，真实度非常高，并且行文非常接地气，事件也非常有趣。

在当时，作者是如何用猫给手机设置密码的呢？原来他使用的手机是华为Mate7，其自带的指纹锁屏和解锁的功能才让作者产生出了奇妙的想法——用猫爪设置指纹密码。而之后因此引发的一系列趣事，也让网友们忍俊不禁，很难不注意到这款手机。

很明显，这就是华为手机的一篇软文，但无论是从作者的叙事还是具体的内容来看，该文章生动幽默、通俗真实，非常具有感染力和说服力，加上"有图有真相"，标题吸引人、事件有趣、猫咪可爱，文章所呈现出的个人风格也非常鲜明，让人看过就能产生深刻的印象，同时注意到华为手机及其指纹解锁功能。

此外，华为的这篇软文最大化地采用口语化进行讲述，穿插进没有滤镜和后期的图片，生活化气息非常浓厚；而其标题也非常具有悬念性，让人产生好奇，或是想知道怎么用猫设置密码，或是想知道为什么不能这样做，总之非常吸引人点进去浏览；加入猫这种可爱的、受到大众喜爱的宠物元素能够为文章增加很多吸引力，同时很好地将猫和手机结合在一起，

创造出有意思的点子，让人注意到华为的这款产品，并且内容中的这一行为很容易模仿，让人产生消费的欲望和模仿的冲动。

分析：

请问华为的这篇软文有哪些亮点值得我们学习？

二、软文营销策划

（一）判断一个标题是否优秀

想判断自己所拟的标题是否属于优质标题，不妨问问自己以下五个问题，如果有三个不满足，那便建议修改标题。

（1）你的标题是否生动有趣？

（2）你的标题是否独特有吸引力，让人眼前一亮？

（3）你的标题是否传递了正向积极的情绪？

（4）你的标题是否能给读者启示？

（5）你的标题是否跟文章紧密结合？

新媒体时代，用户选择内容阅读很大程度上取决于标题的吸引力。有自媒体人曾在一个采访中提及，她会将当日写好的文章发出来，让新媒体组的人取标题，每一篇文章背后都会有将近 100 个标题，然后再从中选取 5~6 个标题放到顾问群里投票，最后再决定用哪一个标题。虽然我们无法达到这样的标准，但至少每次需要 5 个以上的标题作为备选，也可以找身边的小伙伴投票，选出一个优秀的标题。

（二）标题写法

正所谓人靠衣装马靠鞍，一篇好的文章，首先得从标题上去下功夫。因为，读者打开平台浏览器时，第一时间看到的是你的标题，标题决定了读者会不会去点击你的文章，所以，标题取得好就相当于你的文章已经成功了一半，最起码一定程度上抓住了读者的心。以下是常用的标题写法。

（1）数字聚焦：因为数字不同于汉字，在一篇文章的标题当中，如果用数字来表达的话可以使文章更加吸引人眼球，更直观。比如，接下来这篇爆文标题：为什么 18 万成本的韩国电影《釜山行》票房能达到 1.8 亿？这篇文章的标题就用了数字，而且还用了数字对比的方法，一下就引起了读者的好奇心。

（2）八卦猎奇：八卦和好奇是人的天性，恰当抓住潜在用户的好奇心、吊人胃口的标题就是一个优秀的标题。

（3）制造悬念：善于在标题中制造悬念，标题只说一半的话，剩下的留给文章。例如：亚洲新首富王健林，儿子不当万达接班人。修改后变为：亚洲首富王健林对王思聪接班表达态度。原标题虽然将主要内容表达清楚了，但是修改后的标题制造了悬念，把表态留在文章中，很容易吸引读者。

（4）颠覆常识：一件事情如果颠覆了人们的常规认识，肯定会激发用户的好奇心，让人产生想点击的欲望。例如：做一个不好相处的女人。"不好相处"其实算是一个贬义词，作者却一反常态，鼓励做一个不好相处的人，如果你作为一个女性肯定就会有想点击的欲望。

（5）善于对比：对比两者差异，放大描述对象某一方面的特点，也会让用户更有点进去的欲望。例如：月薪3 000与月薪30 000的区别。

（6）情感打动：现代人有太多的需要被治愈和满足的心理，满足用户的这些需求，宣传用于情绪，满足用户的文艺心、逃离心、女王心等，也是提高阅读量的不二法则。当然有时候也需要引起读者的一些共鸣。例如：替你剥虾壳的人在身边吗？

（7）名人效应：标题内提到的名人越有名，流量越大，吸引力度越大，在社交媒体上的转发率就越高。例如：你知道杨幂喜欢喝什么汤吗？

（8）借势热点：结合最新的热点事件、节目或者网络词汇，及时将内容推出，通过用户对热点的关注，来引导用户对文案的关注，往往能带来较高的阅读量。

（9）干货福利：社交媒体中有两个类别的内容是非常受欢迎的，一个是福利性内容，另一个就是有用的内容。用户每天接触的信息量是非常大的，所以，他们往往更关注对自己有用的东西。总结某个细分领域的知识发布对用户有帮助的内容，越有价值转发量越高。

（10）盘点归纳：盘点类的文章无论是在传统媒体还是社交媒体都是读者喜爱的类型。盘点类的文章能够让读者在一篇文章中尽可能地得到更多的信息，看完之后增加见闻，乐在其中。

（11）戳中痛点：每个人身上或多或少都有一些痛点，父母的痛点可能是孩子的教育，上班一族的痛点可能是朝九晚五。如果你的文章标题恰巧击中了某些人的痛点，相信阅读量一定会提高。例如：我每天都做一件治疗拖延的事。

（12）善用符号：标题中的符号可以分为两种，一种是真正意义上的符号，如感叹号、问号，另一种就是"最、第一"这样的字眼。当然，在使用符号的时候，一定不能夸大其词。

好的标题往往是多种内容的自由组合，例如：董卿《朗读者》完整书单，你的孩子都读过吗？这里面融合了名人效应、干货福利以及制造悬念。再比如：这15种正确夸赞孩子的语境，父母一定要学会。这里面结合了盘点归纳以及戳中痛点。此外，平时大家也要多积累词汇，多学习优秀的标题，但切忌不能做标题党。被认定为标题党的标题种类包括但不限于下列五项：

（1）标题使用过度夸张的描述。

（2）标题断章取义歪曲事实真相。

（3）标题故意营造悬念引人好奇。

（4）标题捏造正文中不存在的人、物、情节。

（5）标题存在歧义，与正文原意有偏差。

（三）素材收集

想要做好软文营销，并不是一件容易的事情，想要写出受用户欢迎的软文，一定需要长时间的积累，因此，在做软文营销的过程中需要注重素材的收集，要建立自己的素材库。要知道软文的内容质量才是最重要的，拥有自己的素材库之后软文写作能力才能够有所提高。常见的收集素材的方式有以下几种：

（1）热点板块：微博热门话题、百度风云榜（见图 5-1）。

图 5-1　新浪微博热门话题

（2）话题板块：贴吧、百度知道、悟空问答、兴趣部落等，主要看用户评论区（见图 5-2）。

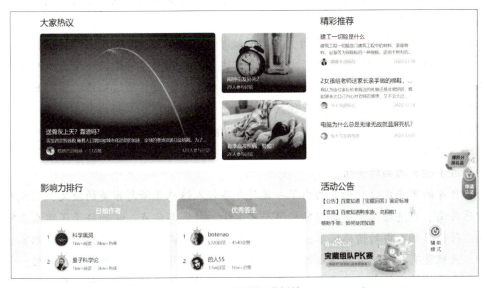

图 5-2　百度知道板块

(3) 小众平台：百科、高质量微信公众号、查投票。
(4) 内容平台：各大自媒体平台、喜马拉雅。

> **想一想**
> 如何积累高质量的软文内容素材库？

（四）内容创作

软文中最重要的就是软文的内容。一篇软文中，好的标题可将读者吸引进来，而好内容则是读者能够认真看下去的必要条件，是传达作者理念和企业进行营销的必备条件。可以说，内容是软文的核心。写作软文时需要着重考虑以下三点：

1. 实用

实用是指文章对读者来说有价值、有用处，能够给读者带来帮助。文章不必追求辞藻的华丽，关键是能够给读者带来实用的价值。

2. 创意

创意就是文章比较新颖、让读者眼前一亮，这样容易引起读者的好奇心。

3. 易懂

易懂就是文章不要过于晦涩、咬文嚼字，内容要通俗易懂，使读者一读就明白。

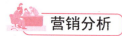

营销分析

德芙巧克力软文《青春不终场，我们的故事未完待续》

软文除了有意思的内容外，还可以注重情感上的更多共鸣，借助大众普遍都有的亲情、友情、爱情等情感，创作出有感染力的内容，让受众产生更多的共鸣，通过情感的传递建立产品与内容、观众之间的联系。

德芙巧克力的软文《青春不终场，我们的故事未完待续》，就很好地针对年轻人的情感世界，写出了非常动人的情感故事。文章作者讲述了自己在大学时期与一个男生从相知相恋再到相伴相惜的心路历程。文章真挚动人，语言风格文艺优美，通过煽情、富有感染力的故事引起很多年轻人的共鸣，而文章中德芙的植入与作者的情感成长融合得非常自然，"不变的是德芙巧克力"，非常符合故事的场景，同时也淋漓尽致地凸显出了德芙巧克力的定位和品牌内涵，丝丝入扣，细腻和谐，让很多人不仅对德芙巧克力有了很好的印象，同时也潜移默化地传达了德芙的品牌价值。

面对自身的市场定位，德芙给出了一篇符合年轻人情感生活与审美的软文，引发人们内心的情感共鸣。以情动人，是其内容构思与语言上的特色与优点，从而给予了观众在审美上的收获，符合目标人群的情感需求；除了煽情之外，德芙品牌的文化内核与软文内容主题非常契合，虽然没有非常明显和详细的产品信息，但其品牌符号与内涵却与内容浑然一体，并为其打上更多的情感烙印，让读者在为故事动容的同时，也对德芙这一核心象征元素产生了正面印象，加深了对这个品牌的好感和记忆点。可以说，这篇软文成为德芙软文营销的经典案例，并非偶然。

分析：

面对自身的市场定位，德芙巧克力这篇软文之所以成功的原因是什么？

三、新闻软文写作

（一）新闻软文分类

新闻类软文是软文发展初期常用的手法，也是最基本的一种软文方式。此类软文的形态主要以新闻报道为主，比如，媒体公关稿、新闻通稿等都属于此范畴。当企业有重大事件、会议活动、产品发布等新动态时，都会通过新闻的形式进行预热曝光。新闻类软文又可以分为三类：一是新闻通稿，二是新闻报道，三是媒体访谈。

1. 新闻通稿

新闻通稿起源于美国，原本是一些新闻通讯社的专利。新闻通讯社在采访到重要新闻后，会以一种统一的稿件方式发给全国的媒体，媒体再转发该新闻。发展到现在，很多企业在对外发布新闻时，为了统一宣传口径也会组织新闻通稿。新闻通稿是一个传播术语，具有覆盖范围广、传播速度快、真实性强的特性。新闻通稿其本质更接近于硬性广告，它和硬广的区别就在于由官方发布，较为权威，其写作模式和传统新闻稿类似。

2. 新闻报道

新闻报道是站在媒体的角度，以第三方的视角来报道某件事情，通常在正规的新闻格式里面穿插广告，非专业的人士很难辨别。它的形式可能是报道某一种新的产品，但是写作的形式让人感觉它是站在客观的角度来写，只做一些叙述和评论，这样容易让人产生信任感。

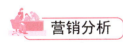

"正方米法"的新闻稿

"正方米法"是位于金华的浙江天下正方农业发展有限公司推出的品牌大米，公司目前已在东北开辟了2万亩生态水稻田，三年内将在东北地区形成10万亩生产基地，建成5万吨级的恒温仓库及月加工300吨大米的加工基地。今后优质有机大米会源源不断地输送到浙江地区乃至全国老百姓的餐桌上。

分析：

（1）"正方米法"是以哪种方式发布新闻稿的？

（2）"正方米法"发布新闻的目的是什么？

---

3. 媒体访谈

相对于新闻通稿的公式化语言及新闻报道的说教式、单向灌输式内容而言，媒体访谈这种形式更容易让人接受，其由一般新闻的单向灌输式向渗透式、感召式、互动式转变。企业负责人与媒体通过访谈聊天的形式表达出来的内容和理念更具亲和力、吸引力和感染力，能够做到以理服人、以情动人。

（二）新闻软文特点

1. 选择的新闻非常具有看点，符合当下人们选择信息的喜好和习惯

很多热门领域和事件都能够在短时间内吸引大众的目光（如时事政治、社会民生、健康、明星等），借助热门话题和新闻可以创造出四两拨千斤的效果，所以，很多时候"蹭热点"都是常见的营销手段，在新闻软文的营销中也不例外。除了借势热点新闻外，品牌还可以自己创造出新闻热点来掀起舆论和流量的狂澜，使自己成为万众瞩目的焦点。但创造新闻也需要从人们关注的一些话题入手，融入更多新的观点和创意，保证内容质量，提高成功率和传播度。

同时，在借势新闻或者制造新闻时，也需要考虑到人们的阅读喜好和习惯，选择与新闻内容主题相符合、受众较为集中的平台和时间，把握好新闻的度。

2. 标题显眼简洁，能够充分切中大众心理，引发其阅读兴趣和需求

好的新闻标题一般都具有言简意赅、突出重点的优点，且要让阅读者难以忽视，在短时间内激起他们的好奇心和探究欲。

3. 新闻文体严谨，叙事流畅，排版层次分明，阅读轻松，内容真实可信

作为新闻式的软文，符合新闻的文体特点是必需的，因为，新闻文体的严肃性和真实性能够充分获得阅读者对于文章内容信息的信任，提升产品信息的说服力。在叙述新闻事件时，需要注意技巧和排版，保证叙事流畅、结构清晰、层次分明，符合普通人阅读新闻的习惯，做到阅读轻松无压力，让新闻信息能够轻易为阅读者接受和理解。同时，在新闻内容的

取材和叙述上，也要保证真实性，给出详细、真实的信息，避免过度渲染夸张和过强的主观意识，这样不仅能让大众信服，也能很好地隐藏其中的推广意图。

4. 产品广告植入较为自然含蓄，很好地掩盖了其目的性

在任何软文中，产品信息的植入都需要力求含蓄、自然、无迹可寻，这样才能够使读者接触到商品信息时没有违和感，减少排斥和反感，让商品的推广效果更加好。尤其是在具有一定权威性和真实性的新闻软文中，产品如何跟新闻主题内容有机、无缝融合是非常考验写作者的技巧和功底的，植入越自然，效果会越好，成功的概率也越高。

（三）新闻软文写作技巧

1. 提前做好软文广告计划

软文广告是广告目标软文化的具体表现，而广告又是品牌目标和销售目标广告化的产物，最终要达到的是建设形象与获取利润的目的，因此，软文广告也应遵循计划、组织、实施、修正的操作规律。软文广告的计划源于企业的广告策略，善于操作软文广告的企业大多是非常讲求策略的企业，也是精于低成本运营的企业，但依靠软文广告而迅速成长的企业并不多，为什么？因为，多数企业并没有提前做好软文广告计划。软文广告计划是软文广告操作的基础。

2. 捕捉新闻

新闻类软文针对的是新闻类型，而新闻又具有权威性和可信度。因此，要学会捕捉到新闻线索，根据线索发现素材，这样就为创作内容做好了铺垫，而这类软文用户关注的持续时间也较长。

3. 拟好标题

新闻软文标题依旧十分重要，一个好的标题是吸引读者的开始，因此，标题需要作者花心思去构思。

4. 善于运用新闻惯用词汇

在软文的写作过程中，要善于运用新闻惯用的一些词汇，来增强正文的"新闻性"。

时间、地点词汇：如"近日""昨天""正当××的时候""×月×日"和"在我市""××商场""家住××街的××"，等等。这些时间以及地点的概念可以引导读者产生与该时间、该地点的相关联想，加深印象，淡化广告意图。

> **议一议**
> 如何才能运用好新闻词汇？举例说明。

5. 写好开头

（1）开门见山，开宗明义，直奔主题，引出文中的主要人物或点出故事，或揭示题旨，或点明说明的对象。用这种方式开头，一定要快速切入中心，语言朴实，绝不拖泥带水。

（2）情景导入。在开头有目的地引入或营造软文行动目标所需要的氛围、情境，以激起读者的情感体验，调动读者的阅读兴趣。用这种方法去写开头，对于渲染氛围、预热主题有直接的效果。

（3）引用名句或者自创经典话语。在文章的开头，精心设计一个短小、精练、扣题又意蕴丰厚的句子，引领文章的内容，凸显文章的主旨及情感。

（4）巧用修辞。修辞的常用手法是比喻、比拟、借代、夸张、对偶、排比、设问、反问。恰当地用这些修辞手法去写开头会有更好的效果。

任务二　短视频营销

> 短视频营销就是借助短视频，向目标受众人群传播有价值的内容，吸引用户了解企业品牌产品和服务，最终形成交易。

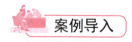

爱否科技《米家什么值得买》短视频

《米家什么值得买》是爱否科技和小米联合进行推广的一个短视频，主要目的是为了推广米家全线产品。爱否科技是一个专注于科技产品评测的短视频自媒体，凭借幽默搞笑的高质量测评内容获得了很多网友的喜爱，成为科技垂直类榜单的头部媒体。《米家什么值得买》是爱否科技对米家一些产品的评测视频，这个短视频不仅非常细致全面地介绍了米家产品的主要特点和性能，从整体内容上来看也延续了爱否科技高质量、娱乐性强的优势，同时借助一些创意中插，让视频拥有了更加强烈的节奏感和趣味性，也体现出了鲜明的个性。在这个视频中，爱否科技对米家的一些产品进行了细致客观的评测，给出了很多人关心的问题的答案，非常实用。整个视频的风格轻松搞笑而又诚意满满，对米家产品的评价较为中肯，同时，在末尾的即刻App的广告口播也是非常幽默。整体看来，视频的内容充实、有用，非常到位地对米家一些优质产品进行了一波良心推荐。

【案例分析】

案例中创意中插的形式，多出现在网剧里。当剧情发展到关键时刻，观众沉浸度较深时，会有结合剧情和主要人物而插入的创意短片或单独定制的小广告，提升了广告内容被完整观看的概率。这种创意中插的形式，也在短视频节目中屡次出现。《爱否科技》作为科技垂直类榜单的头部内容团队，其内容质量和娱乐化的评测风格，早已收获了众多用户的喜爱。

一、短视频基础认知

（一）短视频及短视频营销概念

短视频是一种视频长度以秒计，主要依托于移动智能终端实现快速拍摄与美化编辑，可在社交媒体平台上实时分享和无缝对接的一种新型视频形式。

短视频营销就是企业和品牌主要借助于短视频这种媒介形式，用以社会化营销（Social Marketing）的一种方式。

（二）短视频特征

1. 生产流程简单化，制作门槛更低

传统视频生产与传播成本较高，不利于信息的传播。短视频则大大降低了生产传播门槛，即拍即传，随时分享。短视频实现了制作方式的简单化，一部手机就可以完成拍摄、制作、上传分享。目前，主流的短视频软件中，添加现成的滤镜、特效等功能则使制作过程更加简单，软件使用门槛较低。

2. 符合快餐化的生活需求

短视频的时长一般控制在 15 秒之内，内容简单明了。现在快节奏的生活使得用户在单个娱乐内容所花费的时间越来越短，短视频则更符合碎片化的浏览趋势，充分利用用户的零碎时间，让用户更直观、便捷地获取信息，主动抓取更有吸引力、有创意的视频，加快信息的传播速度。

3. 内容更具个性化和创意

相比文字，视频内容能传达更多更直观的信息，表现形式也更加多元丰富，这符合了当前"90 后""00 后"个性化与多元化的内容需求。短视频软件自带的滤镜、美颜等特效可以使用户自由地表达个人想法和创意，视频内容也更加丰富多彩。

4. 社交属性强

短视频不是视频软件的缩小版，而是社交的延续，是一种信息传递的方式。用户通过短视频拍摄生活片段，分享至社交平台，且借助于短视频软件内部的点赞、评论分享等功能，为用户的创造成果分享提供了一个便捷的传播通道。

二、策划短视频营销

（一）挖掘垂直化短视频潜能，助力品牌精准传播

垂直化短视频内容，专注细分领域，具有更高的辨识度、更专业的内容、更强的 IP 属性，能够帮助品牌精准找到目标受众，激发新的销量增长点。

在移动互联网时代，每一个人都是一个独立的世界，而独立人格的重聚也会形成多元化细分族群，这也让很多垂直化短视频营销的价值凸显。对于品牌而言，垂直化的内容能够精准直击目标受众，深入垂直市场，巧用垂直内容打造高品牌形象，帮助品牌在最短的时间找到目标受众，完成品牌与受众的无缝对接，激发新的销量增长点。具体操作如下：

（1）场景关联：将生活场景或者使用场景越发细分化与具体化，让用户快速找到产品的卖点。小场景往往更能快速传递大需求。

（2）生活方式打造：品牌除了塑造品牌形象之外，要能够应用短视频打造一种让用户都愿意去追随的生活方式。例如，营造美好的生活氛围，打造品质生活空间，传递品牌的调性，让用户产生共鸣。

（3）话语风格匹配：寻找人群吻合、气质搭调的成熟垂直化内容进行品牌植入。例如，利用短视频达人的内容表达特点去和品牌的调性相结合，与消费者进行深度对话。

 **营销分析**

携程旅行——FUN肆之旅

携程旅行聚焦年轻人和旅行圈层，在十一国庆这一黄金节点联手抖音打造"FUN肆之旅游抖一下"旅行季活动，基于旅行内容，与用户互动引领"短视频+旅行"全民种草新模式。活动通过头部达人实拍示范，展示旅行途中的美好体验，号召用户在黄金周用抖音记录美好旅行。头部达人PGC（专业或专家生产内容）点赞量高达285万，活动专属定制贴纸使用次数多达28万次，定制音乐使用2 045次，个性化专属定制也给用户带来与众不同的体验，从而刺激了UGC（即用户生产内容）的产生和口碑传播。

分析：

携程旅行是如何通过短视频来激发用户"种草"愿望的？

（二）搭乘精品化内容，深度传递品牌信任

短视频内容已成为用户获得消费、生活方式的灵感和启发的来源，用精品化内容为消费者打造美好生活方式，可以形成消费者对品牌从"认知"到"认可"的转化。

1. 利用精品内容激活消费需求

随着移动互联网时代带给媒体的变革日益加剧，用户对内容的消费在不断升级，再也不会毫无条件地为内容买单。因为，精品内容能提升用户对产品的偏好度、品牌体验度、品牌价值认同感和消费信心，且消费者还能通过精品内容感知到好的商品和美好的生活方式，提升个人精神层面的愉悦感，进而激活消费需求。

2. 打造品牌精品内容营销的路径

品牌精品内容营销，要求更加立体的驾驭内容资源的能力。从如何展现品质来提升用户体验感到提高品牌内容分发能力，形成一个新的内容营销循环，打造品牌内容营销的三维空间。

3. 借力AI内容经营，极力制造品牌超感体验

技术创新已成为营销新引擎，应用短视频平台的智能技术，不断优化用户的互动体验，为品牌合作提供更多创新营销想象力。

短视频平台通过自身技术优势，不断开发适用于营销的技术产品，激发更多创意表达的内容互动方式，比如，创意定制贴纸、BGM创作互动等新技术和新体验，通过场景化的植入，为用户提供更为丰富的互动形式，在提升用户的美好体验、驱动用户参与创作的同时，

也为品牌合作提供更多创新营销想象力。

4. 发挥"达人效应",实现品牌声量裂变

移动互联网时代,用户注意力稀缺和分散,明星达人自带粉丝和流量,因此,借助明星达人资源能够放大品牌声量,优化品牌营销价值。

明星就是关注点,有关注点就有流量,有流量的地方就有品牌曝光。在抖音上,明星达人能够帮助品牌提升内容曝光度,加速完成前期启动。且明星达人自带粉丝、自带流量,更符合年轻人的认知模式,形成品牌圈层信任,因此,聚拢"达人资源",通过短视频话题发酵实现病毒式营销是最见成效的营销方式。

此外,明星达人作为活动发起者和早期引领者,通过 PGC 内容持续发酵,可实现多圈层的传播和覆盖。明星达人的引领示范,可以激发更多用户的参与,提升传播裂变的效率。

《2019 短视频营销白皮书》调查显示,我国 42.5% 的广告主选择明星达人视频定制作为短视频营销的内容。可见,好的营销一定会利用一些名人以及社区意见领袖。

5. 发掘企业营销自有主阵地,构建长效营销生态

品牌阵地作为内容聚合、粉丝留存、流量承接、数据管理的阵地,是企业短视频营销必备的营销管理阵地,依托阵地的产品聚合,将源源不断为营销带来持续的转化机会。

经营营销阵地,是读懂平台、沟通用户的必经之路,也是时刻洞察平台、用户的桥梁,借助平台对阵地的产品支撑,企业可以高效实现营销转化目的。在巨大的流量面前,品牌的每一次营销活动都不应该是孤立的,而应把品牌好的内容逐渐沉淀下来。因此,要建立品牌营销自有主阵地,让品牌每一次的广告投放相叠加,通过品牌阵地把好的内容集中呈现到消费者面前,延续优质内容的生命力,并进行粉丝资产积累。品牌粉丝的积累可以通过以下几点来实现:

(1)提升品牌黏性:品牌可以在主页开放粉丝评论互动,与粉丝展开交流,良好的互动关系可以维持稳定的粉丝基础,为后续传播提供活跃用户基础,从而提升用户品牌黏性。

(2)吸引粉丝:长期持续的品牌内容,可以展示自己的品牌特性,吸引潜在粉丝。

(3)提升传播效果:品牌可以突出展示自己想要展示的内容,达到品牌想要的传播效果。

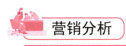

vivo 短视频营销

vivo 在短视频平台的营销策略综合运用了多种不同的方式,首次使用"3D 上妆"技术、邀请明星达人参加挑战赛、赞助抖音美好奇妙夜等方式,vivo 一直站在手机行业短视频内容创作的尖端,其前提是通过立足 vivo 官方抖音账号,将其作为移动互联网营销主阵地,通过内容输出、粉丝积累、数据沉淀、营销转化,依托阵地的产品聚合,在短视频平台打造了良好的品牌生态。目前,vivo 抖音官方账号累计集聚近 728 万粉丝,获得了 1.1 亿的点赞。

分析：

vivo 短视频营销是通过什么方式快速积累粉丝的？

三、网络短视频创作与编辑

（一）方向选择

短视频发展至今，已经开始朝着垂直化、专业化的方向发展了。所以，当我们切入短视频的时候，首先要思考的是要选择什么样的内容，只有这样才能在这个领域发展下去。在这个问题上，结合你自身的资源、兴趣、产出、变现等角度来选择视频的内容，都不失为一个好的选择。确定拍摄视频的主题后，考虑到用户都喜欢接触新鲜事物，我们要尽量做到视频的拍摄风格独特有创意，用专业化的水准来创造良好的用户体验。否则，视频的质量达不到平台的要求，也不会给推荐，那就享受不到该有的权益。

（二）内容及文案策划

短视频每一集拟定选取一些什么样的有价值的题材和主题、风格的设定、内容环节的设计、视频时长的把控、脚本的编写，这些都需要在视频拍摄前期策划好，同时也是视频创作中最核心的一环，这往往决定着整个视频的成败。

如果是刚开始起步，可以结合你想拍的内容，思考可以用什么样的方式去展示和表达出来，为此也可以观察你身边日常生活中有没有可取的题材，或者参考一些优秀的案例，看看有什么可以挖掘的点。

而一个成熟型的团队，则需要在原来团队的基础上，不断地进行优化和创新，才能创作出高质量的作品，其中也包括题材的规划调整、商业的链接等，这些都是要考虑的因素。

（三）拍摄

当所有的前期工作都准备好后，接下来就是拍摄视频了。

议一议

请以小组为单位，讨论一下拍摄需要用到什么工具。

拍摄最简单的工具是手机，专业化一点的工具可以考虑摄像机，因为价格上的不同，所以，两者的拍摄效果也不同。为了保持拍摄的稳定，可以配备一个三脚架，因为，它可以固定设备防止画面抖动。此外，如果是真人出镜，还要表现得大方得体，这可以给用户留下好的印象。

（四）视频后期制作

当视频拍摄好之后需要做的就是后期剪辑，最主要的就是画面处理和声音处理。Pr 软件用来剪辑短视频、PS 软件用来做封面和 logo、AE 软件用来做短视频片头、Au 软件用来处理声音和降噪等、EV 软件用来录制屏幕。

视频制作完成，则需要投放在各个渠道平台上，以获得更多的流量曝光。而现在越来越多的平台参与到短视频的争夺战中来，各自推出的补贴激励政策也不同，再加上各个平台的推荐算法系统的差异，使我们在进行短视频投放的时候，需要熟知各平台的推荐配对规则。再有，我们应该积极寻求商业的合作、互推合作等方式来拓宽我们的曝光渠道。在粉丝运营方面，可以将核心目标用户集合起来，不定时与粉丝团进行一些互动，以增强用户黏性。打造一个高互动氛围的社区，这是不断提升品牌 IP 化构建、价值垂直输出的基础。

小贴士

（一）抖音电商四大核心思想形式——建立以产品为核心的短视频营销内容
1. 测评：在 A 与 B 为同类产品时推荐更好的。
2. 种草：以真实需求为重，产品好看或实用。
3. 避雷：常就质量或美观问题等进行产品使用体验。
4. 低价：好产品的优惠信息推广或促销。

（二）抖音运营技巧
1. 选择合适的发布时间
统计数据表明，中午 12 点到 2 点、下午 3 点到 6 点、晚上 9 点到 12 点这三个时间段是抖音用户人数在线最多的时候，且抖音活跃用户也是最多。因此，如果你的作品想要平台推送的人群更精准的话，首先需要对产品勾勒一个用户画像，根据不同用户的使用习惯来决定发布时间。

2. 提高作品互动数据
点赞、关注、评论以及转发是抖音运营的四个关键数据。我们应该时刻注意这几个数据的变化，推荐使用抖音网站对自己的账号数据进行监控分析。

3. 选择合适的挑战或者合拍
抖音官方有许多挑战活动，因此，需要根据自己的账号定位积极地参与一些合适的活动，另外也有很多热门的视频，大家也可以和对方合拍，这样会更容易被用户看到。

4. 正确运用@内容
在@一些大号的时候要注意自己的内容是否与对方相关，尽量@与自己作品相关的账号。同时，如果内容相似的话也可以经常和对方互动。

5. 注意作品标题
在发布抖音作品的时候，标题也是非常重要的，作品标题尽量包含与目标人群相对应的一些关键词。

6. 注重封面质量
好的封面就像一个文章的标题，可以突出视频内容的主题，以此来吸引用户的观看。因此，封面的色调以及设计也应当跟作品类型搭配好，手机可以直接使用美册 App 来制作封面。

7. 蹭热点

热点分为两种：一种是可预知性的，比如大型比赛；另一种便是不可预知性的，比如重大新闻等。热点自带传播属性，蕴藏着巨大的流量和关注度。

（1）热点音乐：留意抖音热点音乐榜单（西瓜指数小程序）。

（2）热点事件：关注各个领域新闻。

（3）热门拍摄形式：学习创意拍摄手法。

8. 不去碰抖音雷区

在运营抖音的时候，其实有很多小细节需要注意，一旦有以下情况出现，很有可能出现限流以及降低权重的结果。

（1）不发威胁信息以及带有个人信息的广告。

（2）视频中不留联系方式。

（3）不要频繁操作和修改个人信息。

（4）不要发带有其他平台水印的作品。

9. 其他小技巧

当然除了以上的一些技巧之外，想要提高抖音曝光率增加粉丝量，我们还应该坚持做好以下几点：

（1）完善个人资料。

（2）确定人设定位。

（3）作品满足粉丝心理追求。

（4）做好数据运营和分析。

（5）研究同行账号。

（6）坚持更新内容。

（7）选题稀缺。

（8）保证视频清晰度和画质。

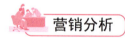

营销分析

百草味的短视频营销

百草味是国内有名的休闲零食品牌之一，是一个以休闲食品研发、加工、生产、贸易、仓储、物流为主体，集互联网商务经营模式、新零售为一体的渠道品牌和综合型品牌。

2020 年 11 月 12 日凌晨，百草味发布的数据显示，截至 2020 年 11 月 11 日 24 时，百草味在全网销售额突破 5.6 亿元。百草味成为互联网食品的品牌"大咖"。

这一成绩的取得除了其精准的市场定位和发展策略外，还依赖于其高超的短视频营销手段，百草味在短视频策划方面一直都有很强的能力，早在 2018 年，百草味就凭借短视频《有你陪伴才是年》获得业内杰出营销短视频奖项。该短视频在春节期间发布，通过带有反转的剧情提醒大家：春节回家要多与父母交流、沟通。短视频中，坚果作为一种"社交"属性很强的零食拉近了年轻人与父母之间的距离，很好地将百草味的产品融入剧情之中。

此后，百草味又陆续推出了不少制作精良的短视频，如由其代言人出演的《中国味演吃会》系列短视频。该系列短视频不仅在服装道具方面进行了精心设计，融入大量中国风元素，如茶、书法、国画等，还将百草味的"每日坚果""22度芒果干""抱开心零食大礼包"等产品巧妙地植入其中，十分富有创意。在发布当天，百草味将6条短视频分时段上线，营造出代言人"实时演吃"的感觉，很好地维持了短视频的热度，并成功地为相关产品引流，取得了很好的口碑和营销效果。

分析：

(1) 百草味的《中国味演吃会》系列短视频营销有何特点？

(2) 从《有你陪伴才是年》短视频来看，百草味是怎样将有趣的内容与营销目标结合在一起的？

任务三　直播营销

直播营销活动以直播平台为载体，以达到企业获得品牌提升或销量增长的目的。

案例导入

美宝莲纽约新品发布会直播营销

美宝莲在纽约举行新品发布会当天，邀请了50位网红开启化妆间直播，直击后台化妆师为模特化妆的全过程。当天该活动使美宝莲整体无线访客比前一天增长了50.52%，而配合互动，销售转化也成果斐然，仅在直播当天就实现了 10 607 支的销量，刷新了天猫彩妆唇部彩妆类目下的纪录。

【案例分析】

从案例我们可以看出，直播相对于传统的营销方式，更容易吸引用户的关注，尤其在自身品牌有一定知名度，或者引入明星、网红等公众人物的情况下，一场直播聚集的人气更是成倍增长，相对于微信 10W+ 的曝光量，直播可谓轻轻松松就是上百万的曝光度。而对于明星和网红而言，通过直播这种方式与品牌合作，不仅能获得代言费，同时还可以拉近与粉丝的距离，并在聚集新粉丝的同时，获得打赏等新的收入来源，可以说是双赢。

一、直播营销基础认知

（一）直播营销概念

直播即互联网直播，是网络视频的一种，按 2016 年 11 月由国家互联网信息办公室发布的《互联网直播服务管理规定》中的定义，互联网直播是指基于互联网，以视频、音频、图文等形式向公众持续发布实时信息的活动；它既包括了网络表演，也包括了网络视听节目。

网络直播营销是指通过数码技术将产品营销现场实时地通过网络将企业信息传输到观众的眼前。

随着移动互联网的发展，在线直播尤其是移动直播的用户群体体量逐渐扩大，直播成为企业和个人的营销利器。各大品牌或电商平台纷纷试水直播营销。直播营销模式不断被挖掘，而在效果上"直播+明星+品牌"模式最明显，往往借助明星效应放大品牌价值，提高产品的曝光度。

（二）直播营销特点

1. 直播营销就是一场事件营销

除了本身的广告效应，直播内容的新闻效应往往更明显。一个事件或者一个话题，就可以轻松地进行传播和引起关注。

2. 能体现出用户群的精准性

在观看直播视频时，用户需要在一个特定的时间共同进入播放页面，但这其实是与互联网视频所提倡的"随时随地性"背道而驰的。但是，这种播出时间上的限制，也能够真正识别出并抓住这批具有忠诚度的精准目标人群。

3. 能够实现与用户的实时互动

直播不仅仅是单向地观看，还能一起发弹幕吐槽，喜欢谁就直接献花打赏，甚至还能动用民意的力量改变节目进程。这种互动的真实性和立体性，也只有在直播的时候能够完全展现。

4. 深入沟通，情感共鸣

人们在日常生活中的交集越来越少，尤其是情感层面的交流越来越浅。而直播，这种带有仪式感的内容播出形式，能让一批具有相同志趣的人聚集在一起，聚焦在共同的爱好上，情绪相互感染，达成情感气氛上的高位时刻。

素质提升小课堂　企业的社会责任感，国民的民族凝聚力

2021年，一直低调的国产运动品牌鸿星尔克突然走红。7月21日，鸿星尔克宣布向河南灾区捐赠5 000万元物资。7月22日，鸿星尔克的话题冲上微博热搜榜。网友纷纷称赞鸿星尔克的这一行为。根据电商平台的数据，7月22日晚，鸿星尔克直播间有超过200万人购物。7月23日凌晨1点，鸿星尔克董事长吴荣照甚至赶到直播间，向网友致谢并呼吁网友理性消费。

鸿星尔克作为一个扎根于大众之中的民族品牌企业，在国家和人民需要的时候勇于担当，体现出满满的社会责任感，这就是最好的宣传，超越一切精妙的策划、精准的投放和精巧的广告。由此可见，企业的眼里不能只有数据，因为，构成数据的每个消费者首先是人、是公民，对灾难中的同胞有着天然的共情和义不容辞的帮扶责任。鸿星尔克的作为恰好呼应了这种自发的情感，因此收获了消费者的热情。

无论什么时候，强烈的社会责任感，以及过硬的产品质量、领先的设计和科技，都是一个品牌长盛不衰的必备要素。

二、直播营销策划

网络直播最重要的是用户，掌握用户的数据可以很好地分析其年龄段、偏好、消费喜好、来源等。根据数据分析用户群体特征后，接下来可以为此制订营销对策与计划，锁定营销目标客户。

（一）精确地做好市场调研

直播是向大众推销产品或者个人，推销的前提是我们深刻地了解到用户需要什么，我们能够提供什么，同时还要避免同质化的竞争。因此，只有精确地做好市场调研，才能制定出真正让大众喜欢的营销方案。

（二）精确分析项目的优缺点

做直播，营销经费充足，人脉资源丰富，可以有效地实施任何想法。但对大多数公司和企业来说，往往没有充足的资金和人脉储备，这就需要充分地发挥自身的优点来弥补。一个好的项目也不仅仅是人脉、财力的堆积就可以达到预期效果的，只有充分发挥自身的优点，才能取得理想的效果。

（三）精准定位市场受众

营销能够产生结果才是一个有价值的营销，我们的受众是谁，他们想要得到什么等，都需要事先做市场调研来了解，只有找到合适的受众才是成功营销的关键。

（四）选择合适的直播平台

"5G+人工智能"的发展，"直播+电商"的营销模式越来越火爆，直播带货也成为各大商家和个体创收的重要途径。新手主播该如何去选择这些直播平台呢？目前，四大主流直播平台为淘宝直播、抖音、快手和微信直播。选择适合自己的平台是做直播的第一步，只有适合自己的才是最好的。这四大平台基本上涵盖了线上99%的流量，都是不错的选择。另外，如果条件允许，可以两三个平台一起做，每个平台有每个平台的流量，互不冲突，还是一个互补。

（五）设计良好的直播内容

直播成功的关键就在于最后呈现给受众更多的方案。直播前可以利用预告、广告等手段吊足观众胃口，吸引更多人进入直播间。但直播营销过程中，观众随时都可能进入直播间。这时，想要留住这些进入直播间的观众，就需要足够吸引人的内容。在整个方案设计中需要销售策划及广告策划的共同参与，让产品在营销和视觉效果之间恰到好处。在直播过程中，过分的营销往往会引起用户的反感，所以，在设计直播方案时，如何把握视觉效果和营销方式，还需要不断磨合。

（六）后期的有效反馈

营销最终是要落实在转化率上，实时的及后期的反馈要跟上，同时，通过数据反馈可以不断地修正方案，不断提高营销方案的可实施性。

营销分析

完美日记的直播营销

2020年4月27日，快手超级品牌日系列活动为完美日记开设了直播专场。该场直播采用"名人+直播"的方式，集内容、粉丝效应、互动体验等多种元素于一身，由拥有超3 600万粉丝的快手品牌发现官小伊伊现场"验货"，引发了直播间1 008万用户的抢购。据统计，直播当天的总销售额在1 600万元以上，总单量超过了26万单，其中雾色梦境哑光唇釉销量超7万单，金色牛奶肌气垫也卖出多达4万个。

快手超级品牌日是由快手商业化部门（即快手的广告部门）和快手电商联合发起的，旨在通过打通人、货、场，为品牌创造更多元、社交性更强的营销场景。此次，小伊伊在直播中与完美日记品牌工作人员共同担当主播，陆续为粉丝推荐了氨基酸卸妆水、十二色动物眼影等多款热卖单品，详细介绍了商品的特点和功能，让粉丝对商品有了更加直观的认知。直播时，主播常使用"官网一件69元，在伊伊直播间两件99元""这款眼影盘第二件1

元,姐妹们赶紧下单,要不这价格伊伊就白给你们争取了"等话术来营造一种限时抢购的紧张感,用超值低价的噱头来刺激粉丝的神经,催促其赶紧下单。而粉丝在抢购的同时也不忘发送"抢得过瘾""为完美日记打call"等弹幕与主播展开互动,直播间的气氛非常热闹。

这场成功的直播不仅给完美日记带来了巨大的销售收入,还使完美日记成为焦点,扩大了完美日记的品牌影响力。

分析:

(1) 直播过程中,主播采用了哪些手段促进销售?

(2) 直播营销为什么能带来这么高的销售额?

三、设计直播内容

直播内容应该遵循三个核心:

(1) 理:言之有理,能让受众信服直播内容中所体现的观点。
(2) 节:必须遵守一定的原则,有所节制,不能无所顾忌。
(3) 奇:观点独特,直播内容能很好地体现平台和主播的特色。

从内容的类型表现方面来说,主播所提供的内容要符合不同受众的需求,所以,需要改变主播单一的直播内容。

四、进行粉丝维护

(一) 自我成长,感动粉丝

经常更新朋友圈,乐于同粉丝分享自己的生活,在朋友圈发自拍照并配上正能量的文字,鼓励粉丝。让粉丝看到自家主播的一步步成长,会感到欣慰。

(二) 真诚相待,把粉丝当家人朋友

直播间更多是让别人了解你,那么,线下就多花点功夫去了解他们,多想想你可以给粉丝带来什么。

准确地记住那些对于粉丝特别重要的日子，如生日的时候，要发个信息给粉丝，或者亲自打个电话给他，让他感到被重视被记得。这些小细节都是维系和巩固关系的黏合剂。

（三）有积极交流的心态，了解粉丝需求

既然是你的粉，肯定是愿意多与你互动的，所以要主动和粉丝交流。比如，主播自己在直播间唱的歌，不一定是粉丝喜欢的，线下可以多关注粉丝的爱好，粉丝一定会感受到你的心意并且给你回报。

（四）提升自我，丰富直播内容

每个主播都不能停留在原地，直播间的布置和穿着风格也不要一成不变，线下可以多看点书增加自己的修养、常识和知识。

把你对生活的态度和感悟，你最为美好的一面，你的个性，你是怎么对待生活的，你的"三观"是什么样的等等展示给他们，让他们了解你的付出和努力。有认同感、归属感的粉丝忠诚度是极高的。

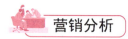
营销分析

"明星+网红+直播"，打造直播营销新思路

在人、货、场不断被打通的今天，品牌营销也变得更加多元化、娱乐化和人性化。很多品牌和电商平台都在深耕新零售的布局，将传统市场营销玩出升级版，但要是说牢牢牵住消费者的心，还需要下一番功夫。在这一方面，宝洁可以说是独辟蹊径选择了"明星+网红+直播"同框直播的形式，其跨次元的内容创意也让整个营销节奏变得更具有互动性和可看性。

宝洁的直播活动，联合了聚划算、淘宝直播进行了一次"直播升级营销"，邀请李佳琦、陈洁kiki、烈儿宝贝、祖艾妈等几大超头主播，以"火聚手"身份搭档沈梦辰、金瀚、范氏双胞胎，尝试与网友互动式消费的新玩法，实现从事件营销到产品销售的转化，兼具品牌传播和效果营销双重价值。

（一）口红一哥与带货女王，教你如何获得女性消费群体的芳心

李佳琦作为淘宝直播一哥，凭借 OMG 等热词火爆出圈，而沈梦辰作为知名主持人，镜头上活泼开朗好动，两人围绕"约会的神奇好物"进行直播，不仅满足了所有观众对两人互动的好奇心，也让所有女性消费者心甘情愿地为能够与自身产生共鸣的内容产品做出消费决策。

直播过程中，沈梦辰一边是消费者的"知心闺蜜"，在直播镜头前与网友大方分享自己在生活中的保养秘诀；一边更是商家们的特邀"火聚手"，飘柔护发精油、佳洁士美感美白牙膏、佳洁士小白刷等高性价比的好物，第一时间与用户共享，让消费者更直观地认识产品、辨别产品质量，并且直播中李佳琦和沈梦辰还向参与互动的网友赠送宝洁超值大礼包，引发百万网友的积极参与，粉丝好评弹幕霸屏。

(二)女主播与当红小生的日用对比

不仅是产品推荐符合众多消费者的喜好,宝洁也深度理解本次活动和品牌的属性,不仅为自家产品挑选符合调性的明星资源和网红资源,同时,针对直播内容进行了深度优化。烈儿宝贝和当红小生金瀚就是围绕"白富美和男生的开箱对比种草好物",明星和网红主播的同框直播形式,也将整个直播氛围推向了一个高潮。

在"明星+网红+直播"的强大影响力下,最终共吸引了百万网友们同时观看,海飞丝Scalpx 防脱青春水套装、当妮留香珠的脱销大卖,也让众多网友们对本次活动发起积极互动讨论,提升了宝洁这场直播盛典的社会议题的高度,同时也达到广泛影响大众的目的。

(三)产品实验测评强力彰显

视频直播购物是一瞬间的眼球经济,宝洁此次推出的"新奇特直播方式"也是其打造品牌爆款的制胜法宝,在内容上"推陈出新",在节目和商品呈现方式上力求"出奇制胜",在商品的卖点上争取"特立独行",于是陈洁 kiki 直播间,宝洁两位 R&D 的科学家为粉丝现场测试 OLAY 空气霜、佳洁士电动牙刷等产品,立竿见影的实验效果,助力了直播间的销量。

(四)金牌辣妈 PK 暖心奶爸,带娃攻略大起底

都说好的营销吸引眼球是表面,更重要的是抓住用户痛点,对症下药。毫无疑问宝洁做到了。在宝洁明星销售总监 kanye 做客祖艾妈直播间时,针对育儿过程中遇到的问题,用诙谐互动的方式给出了真诚的解决方案,其推荐的舒肤佳儿童沐浴露、汰渍三色球洗衣凝珠等宝妈、孩子专用产品广受粉丝好评。

分析:
宝洁是如何打造直播营销新思路的?

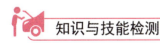
知识与技能检测

【同步测试】

一、单项选择题

1. 一篇好的软文是(　　)的,既让客户了解他需要的内容,也了解宣传的内容。
   A. 单向　　　　　B. 双向　　　　　C. 多向　　　　　D. 以上都不是

2. 软文的宗旨是(　　)。
   A. 制造信任　　　　　　　　　　　B. 吸引
   C. 传播商品信息　　　　　　　　　D. 扩大产品知名度

3. 短视频长度是以（　　）计。
A. 帧　　　　　　B. 分　　　　　　C. 秒　　　　　　D. 片段
4. 直播即互联网直播，是（　　）的一种。
A. 传统媒体　　　B. 传统广告　　　C. 网络视频　　　D. 电视广告
5. 下面种软件中用于剪辑短视频的是（　　）？
A. PS　　　　　　B. WPS　　　　　C. Au　　　　　　D. Pr

二、多项选择题

1. 直播营销模式不断被挖掘，而且效果上（　　）模式最明显。
A. 直播　　　　　B. 品牌　　　　　C. 明星　　　　　D. 直销
2. 互联网直播是指基于互联网，以（　　）等形式向公众持续发布实时信息活动。
A. 视频　　　　　B. 图文　　　　　C. 文字　　　　　D. 音频
3. 抖音运营的四个关键数据是（　　）。
A. 点赞　　　　　B. 集粉　　　　　C. 关注
D. 评论　　　　　E. 转发
4. 新闻类软文分为哪三类？（　　）
A. 新闻通稿　　　B. 新闻初稿　　　C. 新闻报道　　　D. 媒体访谈
5. 写作软文时需要着重考虑以下三点：（　　）。
A. 新鲜　　　　　B. 实用　　　　　C. 创意　　　　　D. 易懂

三、判断题

1. 软文的本质是广告。　　　　　　　　　　　　　　　　　　　　　（　　）
2. 软文的核心是产品信息传播。　　　　　　　　　　　　　　　　　（　　）
3. 新闻通稿起源于英国。　　　　　　　　　　　　　　　　　　　　（　　）
4. 网络直播最重要的是产品。　　　　　　　　　　　　　　　　　　（　　）
5. 短视频发展至今，已经开始朝垂直化、专业化发展。　　　　　　　（　　）

四、问答题

1. 请简述如何策划短视频营销？

2. 短视频的特征有哪些？

3. 新闻软文写作技巧有哪些？

【综合实训】

农产品直播营销策划及实施

[**实训目的**]

1. 使学生掌握直播营销的过程以及直播营销策略。
2. 通过直播营销的策划，深入研究直播营销的重要意义。

[**实训要求**]

1. 选择一种农产品作为直播营销的对象。
2. 了解该农产品特点。
3. 提前拟好直播文案。
4. 借助直播平台开始直播，并与粉丝进行互动。

[**实训步骤**]

1. 根据教学班级人数确定学习小组（5~8组为宜），每组6~8人。
2. 小组讨论选出组长，并分工进行农产品资料收集。
3. 以小组为单位组织研讨，拟好直播文案，确定主播进行直播，最后针对直播效果制作PPT进行汇报。
4. 同学互评和教师点评，然后综合评定本次各小组及成员的实训成绩。

[**实训考核**]

1. 实训准备工作。（10分）
2. 各组在本次实训的组织、分配、管理等过程中的表现。（20分）
3. 各组提交的实训报告的质量和汇报PPT的演示效果。（50分）
4. 学习小组的团队合作精神。（10分）
5. 同学互评，教师点评。（10分）

项目总结

通过对本项目的学习，我的总结如下：

一、主要知识

1.

2.

3.

4.

二、主要技能

1.

2.

3.

4.

三、成果检验

1. 完成任务的意义有：

2. 学到的知识和技能有：

3. 自悟到的知识和技能有：

4. 你对内容营销趋势发展的判断是：

项目六
社会化媒体营销

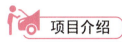
项目介绍

"社交"指社会上人与人的交际往来,是人们运用一定的方式传递信息、交流思想,以达到某种目的的社会活动。互联网诞生后,人们的部分社交活动从线下转移到了线上,针对人们的社交需求而推出的互联网应用也较多,主要包括社交网站、微博、腾讯QQ、微信、百科、问答、博客、论坛等。社会化媒体营销的主要特点是:网站内容大多由用户自愿提供,而用户与站点不存在直接的雇佣关系。当社交网络出现后,传统口碑传播速度慢、范围窄、受制于地理和时空的瓶颈被彻底打破。与此同时,口碑传播通过互联网和社交网络的放大,其传播精准、可靠、转化率高等原始属性得到了释放。

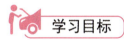
学习目标

知识目标
➢ 理解微博营销、微信营销、社群营销的概念;
➢ 掌握微博营销、微信营销、社群营销的策略和技巧,熟悉当前主流社交类应用;
➢ 掌握设计社会化媒体整合营销方案,对社会化媒体营销的效果进行监测和评估。

能力目标
➢ 能够设计社会化媒体整合营销方案;
➢ 能够对社会化媒体营销的效果进行监测和评估;
➢ 能够提升网络文案写作能力。

素质目标
➢ 具有传播品牌和信息的意识和能力;
➢ 具有互联网创新精神。

学习计划

任务内容		微博营销	微信营销	社群营销
课前预习	预习时间			
	预习结果	1. 难易程度 ○偏易（即读即懂）　　○适中（需要思考） ○偏难（需查资料）　　○难（不明白） 2. 问题总结		
课后复习	复习时间			
	复习结果	1. 掌握程度 ○了解　　○熟悉　　○掌握　　○精通 2. 疑点、难点归纳		

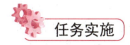 **任务实施**

任务一 微博营销

借势营销是微博营销中非常重要的一个方法，即将营销目的隐藏在借助的"势"中，潜移默化地引导用户消费。

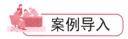 **案例导入**

自然堂"三八"节——没有一个男人可以通过的面试

社交平台：微博

案例描述：在"三八"节被商家们冠为"女神节""女王节"等鲜亮名称下，自然堂却认为一份理解和尊重可能是更好的礼物。基于这样的品牌主张发布的广告片"没有一个男人可以通过的面试"，洞察职场中常见的"性别偏见"问题，在"三八"节引发了广泛的社会讨论。

片中，选择了最能够代表职业经历的一个代表性场景——面试。在面试时，女生经常会被问到一些问题："结婚了吗""打算要孩子吗""怎么平衡家庭和工作"……问题出口看似平常，却隐隐带着性别歧视与差别对待的意味。

在广告片中，这些问题的对象换成了男性，坐在桌前的他们面对这些莫名其妙的面试问题时，微妙的荒谬感之余，让人开始深思女性在职场中因性别而遭受的质疑、轻视和另眼相待。

本次案例的操刀手 bangx CEO 王申帅认为，想要真正实现与新时代女性沟通，首先要忘掉自己要卖什么，找到她们内心的情感痛点，找到品牌能在传播上为她们做的事，长年累月坚持地做，不求立刻回报。

【案例分析】

在一众品牌都在试图用一种更为讨好的姿态来获取女性消费者的青睐时，自然堂另辟蹊径，探讨妇女群体在社会上所面临的现实问题，反而成了一种行之有效的微博节日营销的突击方法。

一、认识微博营销

（一）微博营销的概念

微博营销是指通过微博平台为商家、个人等创造价值的一种营销方式，即商家或个人通过微博平台发现并满足用户的各类需求的商业行为方式。微博营销以微博作为营销平台，每一个粉丝都是潜在的营销对象，企业利用更新自己的微博内容来向网友传播企业信息、产品信息，树立良好的企业形象和产品形象。每天更新内容就可以跟大家交流互动，或者发布大家感兴趣的话题，以此达到营销的目的，实现微博营销。

微博营销注重价值的传递、内容的互动、系统的布局、准确的定位，微博的火热发展也使得其营销效果尤为显著。微博营销涉及的范围包括认证、有效粉丝、朋友、话题、名博、开放平台、整体运营等。自2012年12月后，新浪微博推出企业服务商平台，为企业在微博上进行营销提供了一定帮助。

> **想一想**
> 企业为什么要做微博营销呢？微博营销推广怎么做才能引爆流量？

（二）微博营销的分类

1. 个人微博营销

很多个人的微博营销是靠个人本身的知名度来得到别人的关注和了解的，以明星、成功商人或者是社会其他领域中比较成功的人士来说，他们运用微博的目的是通过这样一个媒介来让自己的粉丝更进一步地了解自己和喜欢自己，他们的宣传工作一般是靠粉丝们跟踪转帖来达到营销效果。

2. 企业微博营销

企业一般以盈利为目的，他们运用微博往往是想通过微博来传播企业和产品的信息，提高本企业或品牌的知名度，树立良好的企业形象和产品形象。企业做微博营销时，应当建立自己固定的消费群体，与粉丝多交流、多互动，做好企业宣传工作。

（三）微博营销的特点

1. 操作简单，成本低

微博被叫作"一句话博客"，每条微博不超过140个字。一条微博，只需要简单的构思，就可以完成一条信息的发布，这点要比博客方便得多。与传统的大众媒体（如报纸、广播、电视等）相比，微博营销的成本要低得多。

2. 传播效果好，覆盖面广

微博信息支持各种平台，包括手机、PAD和电脑，同时传播的方式多样，转发非常方便。利用名人效应能够使事件的传播量呈几何级放大。

3. 营销方式多样化，人性化

从技术上，微博营销可以方便地利用文字、图片、视频等多种展现形式。从人性化角度上，企业品牌的微博本身就可以将自己拟人化，更具亲和力。

4. 互动性强

通过微博营销，企业能与粉丝即时沟通，及时获得客户反馈。

 **营销分析**

海尔的微博营销

很多企业的官方微博形象都是以严谨为主,几乎每一条微博都要字斟句酌,反复审核、预览和修改。但也可能就这样错过了热点发布的最佳时期,失去了和用户对话的机会,给网友的印象也多是冷冰冰的。正如《定位》中所说:"你的品牌就是你跟顾客的关系。一般的品牌关系就是供应商/消费者。这是一个短暂的、单项的简单关系。公司负责提供产品或服务,而顾客负责消费,消费结束了,关系也就结束了。"

海尔的企业微博却大胆地打破了传统,去官方化,致力于年轻化、趣味化。海尔在微博上通过与粉丝互动、为粉丝帮忙等多种方式,为粉丝创造价值的同时也为海尔品牌建立起了一个有血有肉的、接地气的人物形象,吸引了不少网友的围观和好评。海尔不再只是一个冷冰冰的品牌,它会在消费关系结束后给消费者留下长久的印象。当你和用户打成一片之后,就算你要打广告用户都会甘之如饴,甚至还会热心地帮你找广告商。

通过海尔微博营销的案例可以看出,好的网络营销策划可以为企业带来很多改变,如树立企业新形象、提升企业知名度、提高企业美誉度等。

分析:
作为老牌家电品牌,海尔的微博营销有哪些特点?

二、微博营销运营

(一)微博的定位策略

无论是微博营销,还是其他营销方式,首先要想清楚自己的定位是什么,想吸引什么样的人注意，想引起哪类人群的共鸣，即要清楚你的目标用户群。有了清晰的市场定位，才能有明确的营销方向。

第一，要精心选择发布形式。同样的微博，选择不同的发布形式效果是有差异的。是纯文字？还是文字加图片？是几张图？是视频还是音频？是图文还是投票？等等。

第二，要合理设计微博话题。能够引发讨论和转发的微博都是话题，话题最好系列化、品牌化，有自己的发布周期，长期地经营下去。

（二）微博内容策划

不仅仅是微博，其他自媒体平台也一样，内容策划的共性非常多。
(1) 建立素材库：如微博话题素材库。
(2) 建立时间地图：按时间地图策划内容，即话题有计划性。
(3) 合理设计发布时机。
(4) 注意转发和原创的比例。
(5) 写好原创内容。
(6) 提升内容的可读性。
(7) 版权注意事项。
(8) 内容、图片的制作工具：PPT、美图秀秀、创客贴等。

（三）微博营销的策略

第一，建立微博矩阵。首先建立一个能够产生影响力的平台，并建立链式传播系统，这就需要微博账号矩阵。如小米公司建立了以@雷军、@小米公司、@米聊为主要阵地的微博矩阵。各微博明确定位，各司其职，共同展现企业的品牌内涵。

第二，创意策划病毒式传播。作为社会化媒体，可以借助社会化媒体能力传播覆盖更多的人。在微博热门转发中，情感类、新闻类、实用类、娱乐类、消遣类、通用话题类等内容会让互动效果事半功倍。

第三，开展微博活动。无论是为了吸粉，还是为了引爆品牌传播、促进销售或增强客户黏性，微博营销中活动是贯穿始终的，策划好如何开展活动聚集人气提升品牌尤为关键。

（四）微博营销技巧

1. 注重微博个性化

微博的特点是"关系""互动"，因此，虽然是企业微博，但也切忌仅是一个官方发布消息的窗口那种冷冰冰的模式。要给人感觉像一个人，有感情，有思考，有回应，有自己的特点与个性。

一个浏览者觉得你的微博和其他微博差不多，或是别的微博可以替代你，都是不成功的。这和品牌与商品的定位一样，必须塑造个性。这样的微博具有很高的黏性，可以持续积累粉丝与专注，因为，此时的你有了不可替代性与独特的魅力。

2. 注重价值的传递

企业博客经营者首先要改变观念——企业微博有"索取"与"给予"之分，企业微博是一个给予平台。近年来，微博数量爆炸增长，只有那些能为浏览者创造价值的微博自身才有价值，此时，企业微博才可能达到期望的商业目的。企业只有认清了这个因果关系，才可能从企业微博中受益。

3. 注重发布的连续性

微博就像一本随时更新的电子杂志，要注重定时、定量、定向发布内容，让大家养成浏览的习惯。当用户登录微博后，能够想着看看你的微博有什么新动态，这无疑是成功的最高境界，虽很难达到，但企业的微博需要尽可能出现在他们面前，成为他们习惯的关注对象。

4. 注重加强互动性

微博的魅力在于互动。拥有一群不说话的粉丝是很危险的，因为，他们慢慢会变成不看你内容的粉丝，最后可能就是离开。因此，互动性是使微博持续发展的关键。第一个应该注意的问题就是，企业宣传信息不能超过微博信息的10%，最佳比例是3%~5%。更多的信息应该融入粉丝感兴趣的内容之中。

"活动内容+奖品+关注（转发/评论）"的活动形式一直是微博互动的主要方式。一般来说，奖品比企业所想宣传的内容更吸引粉丝的眼球。但相较于赠送奖品，你的微博如果能认真回复留言，用心感受粉丝的想法，就能换取情感的认同。所以，如果情感与"利益"（奖品）共存，那就更完美了。

5. 注重系统性布局

任何一个营销活动，想要取得持续而巨大的成功，都不能脱离系统性，单纯当作一个点子来运作，很难持续取得成功。微博营销因为看起来很简单，对大多企业来说效果也很有限，所以，被很多企业当作可有可无的网络营销小玩意儿。其实，微博作为一种全新形态的互动形式，它的潜力往往没有被看到，发挥作用较小的原因是你本身投入的精力与重视程度不高。想要微博发挥更大效用，就要将其纳入整体营销规划中来，这样微博才有机会发挥更大的作用。

6. 注重准确的定位

微博粉丝众多是营销条件，但其实粉丝的质量更重要。因为，微博想要实现最终的商业价值，或许就需要这些有价值的粉丝，这涉及微博定位的问题。很多人抱怨：微博粉丝人数都过万了，可转载、留言的人很少，宣传效果不明显。其中一个很重要的原因就是定位不准确。假设自己从事玩具行业，那么，就围绕一些产品目标顾客关注的相关信息来发布，吸引目标顾客的关注，而非是只考虑吸引眼球，导致吸引来的都不是潜在消费群体。很多人在起步阶段也陷入这个误区当中，完全以吸引大量粉丝为目的，却忽视了粉丝是否为目标消费群体这个重要问题。

7. 企业微博专业化

企业微博定位专一很重要，但是专业更重要。同场竞技，只有专业才可能超越对手，持续吸引关注目光，专业是一个企业微博重要的竞争力指标。

微博不是企业的装饰品，如果不能做到专业，只是流于平庸，倒不如不去建设企业微博。因为，作为一个"零距离"接触的交流平台，负面的信息与不良的用户体验很容易迅速传播开，并为企业带来不利的影响。

"野兽派花店"的微博营销

"野兽派花店",这个名字被很多文艺青年所熟悉。建店之初,没有实体店,甚至没有淘宝店,仅凭微博上几张花卉礼盒的照片和140个字的文字介绍,开通微博仅半年时间,该花店就已经吸引了超过18万粉丝,甚至连许多演艺界的明星都是它的常客。

为什么传统简单的花店生意会有如此新鲜的生命力?

答案是,他们卖的不仅仅是花。

2011年年末,顾客Y先生在野兽派花店订花,希望能表现出莫奈的名作《睡莲》的意境,可是当时并没有合适的花材进行创作。

几个月过后,店主兼花艺师Amber想起日本直岛的地中美术馆,从中获得灵感,做成了后来野兽派花店的镇店作品之一——"莫奈花园"。

与其他花店不同的是,野兽派花店倾听客人的故事,然后将故事转化成花束作品,每束花因为被赋予了丰满的故事而耐人寻味。其中,有幸福的人儿祝自己结婚周年快乐的、有求婚的、有祝父母健康的、有纠结于暗恋自己的男同事的……在日复一日的寻常生活中,阅读140字的离奇情节,也成为粉丝们的一种调节剂。

野兽派花店所选用的花束绝不是市场上常见的,这些进口花卉品种经过精心雕饰之后,针对不同的人群、送花与收花人的心境,赋予其颇有文艺范儿的名字。包装完成的花束,只在微博上出售,顾客也都是花店的粉丝,在微博上通过私信下订单,客服通过私信回答顾客的问题最终达成交易。

和传统的花店相比,野兽派花店绝对算得上花店中的奢侈品品牌。野兽派花店的花卉礼盒价格少则三四百元,多则近千元,然而即使是如此高的价格,仍然有众多顾客追捧。

分析:

作为传统简单的花店,野兽派花店建店之初为什么能迅速进入市场,它采用了哪些微博营销技巧?

8. 注重方法与技巧

想把微博变得有声有色,持续发展,单纯在内容上传递价值还不够,必须讲求一些技巧与方法。比如,微博话题的设定,表达方法就很重要。如果你的微博是提问性的,或是带有悬念的，引导粉丝思考与参与，那么，浏览和回复的人自然就多，也容易给人留下印象。反之，发布新闻稿一样的博文，会让粉丝想参与都无从下手。所以，微博的营销要注意以下方法与技巧：

（1）发布能引发大家参与互动的内容。企业或者企业主运营微博的目的肯定是为了品牌宣传或者营销，但是这样的微博内容比例不能太高，否则大家会感觉你的微博比较冰冷，自然就不愿意互动。所以，可以适当发一些有趣的、好玩的、引发大家互动的内容，粉丝们对你一旦敞开心扉了，接下来才能真正愿意参与你的营销或者品牌宣传。

（2）参与热点的评论。热点新闻，是大家都喜欢谈论的，自然也愿意为你的评论进行传播。

（3）多多评论其他大V的微博，去评论区曝光自己，实现快速增加粉丝的目的。微博上有很多粉丝量级在1 000万以上的博主，你需要做的就是去他们的微博下方进行评论，而且要在他们微博发出来的第一时间评论。原理是这样的：假设一个博主有1 000万粉丝，那么，他发一条微博的自然阅读量可能在100万左右，那么，这100万个阅读者可能会有10万个点开评论区，如果你评论得早而且内容比较精彩，自然就排在了前排，那么，曝光量也就有10万了，还会担心没人关注你、跟你互动吗？

（4）抱团取暖。如果你有1万粉丝，那么，你发一条微博阅读量也就一两千。但是如果跟你互动的有10个人，他们的粉丝也都有1万个，每次你发微博他们都为你转发，你的曝光量自然就翻了10倍，粉丝增长速度也快了10倍。当然，你也需要参与他们微博的转发，大家互相帮助，粉丝共享。以一个包容开放的心态去运营微博，路会越走越宽。

（5）站在巨人的肩膀上。大V的影响力非同凡响，如果大V能转发你的一条微博，粉丝量会直接实现质的飞跃。那么，如何才能达到这一目的呢？这需要你平时多跟大V互动，尽量参与他每一条微博的评论，他自然会注意到你。引起注意是第一步，下一步就是让他认可你，这些需要通过你的评论内容来判断。如果他感觉你是一个有趣、有担当、有想法的人，自然也会关注你，甚至转发你的微博。

任务二　微信营销

微信是基于智能移动设备而产生的主流即时通信软件，是一个让企业能及时与用户建立互动的交流平台，还可以实现一对一的互动交流。

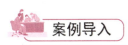
案例导入

故宫趣味 H5 页面

让传统文化和文物为年青一代所熟知和喜欢，一度是件令人头痛的事情，但随着文物相关的纪录片、综艺等走红，文物有了更多新的阐述方式，利用微信来进行传统文化文物的推广，起到了非常好的效果。

故宫作为文物推广的领头羊和佼佼者，其文物 IP 在近年可谓是炙手可热，而微信营销对于故宫来说并不陌生，曾经也在微信上推出过趣味 H5 页面活动。当时故宫和腾讯合作，其主要是借助文物推广腾讯的创意竞赛 The Next Idea，为此，专门打造了用紫禁城历史文物设计表情包的比赛主题，并且推出了 H5 页面来增添活动的趣味性。故宫的这个 H5 页面采用了明朝皇帝的形象，根据其形象来进行二次内容创作，运用文字和图片后期加工让这些严肃的皇帝有了更多现代、有趣的故事和行为，比如，皇帝说唱、皇帝秀朋友圈等搞笑有趣的内容，让这些活在历史画卷上的皇帝有了接地气、反差萌的一面，受到了网友们的喜爱。

这个有趣的 H5 页面在互联网上迅速传播开来，不仅受到了网友的欢迎，也激发了很多人参与活动制作表情包的热情，从而使创意竞赛活动也得到有效的推广传播，让越来越多的人知晓这一活动并加入进来。

【案例分析】

案例中的故宫趣味 H5 页面之所以可以获得巨大成功，归根结底是因为内容为王，不管是什么形式，微信营销中拥有高质量的内容都可以有效提高成功率。

一、认识微信营销

（一）微信基础知识

（1）微信（WeChat）是腾讯公司于 2011 年 1 月 21 日推出的一个为智能终端提供即时通信服务的免费应用程序。

（2）微信公众平台：企业利用公众账号平台进行自媒体活动，如商家申请微信公众服务号，通过二次开发展示商家微官网、微会员、微推送、微支付、微活动、微报名、微分享、微名片等，已经形成了一种主流的线上线下微信互动营销方式。

当前的微信公众平台主要分为订阅号、服务号、企业微信三种。

订阅号：主要偏重于为用户传达资讯（类似报纸、杂志），认证前后都是每天只可以群发一条消息。发给订阅客户（粉丝）的消息，将会显示在对方的"订阅号"文件夹中，客户双击才可以打开。

服务号：主要偏重于服务交互（类似银行、114，提供服务查询），认证前后都是每个月可群发四条消息。发给订阅客户（粉丝）的消息会显示在对方的聊天列表中，与微信的首页相对应。

企业微信（原企业号）：企业的专业办公管理工具，与微信一致的沟通体验，提供丰富免费的办公应用，并与微信消息、小程序、微信支付等互通，助力企业高效办公和管理。

（3）小程序：小程序是一种不需要下载安装即可使用的应用，它实现了应用"触手可及"的梦想，用户扫一扫或者搜一下即可打开应用。也体现了"用完即走"的理念，用户不用担心是否安装太多应用的问题。应用将无处不在，随时可用，但又无须安装卸载。对于开发者而言，小程序开发门槛相对较低，难度不及 App，能够满足简单的基础应用，适合生活服务类线下商铺以及非刚需低频应用的转换。小程序能够实现消息通知、线下扫码、公众号关联等功能。其中，通过公众号关联，用户可以实现公众号与小程序之间相互跳转。

（二）微信营销的概念

微信营销是基于微信进行的营销，包括销售、公共关系维护、品牌形象塑造、客户服务等一系列营销形式。微信营销的定义是：企业为了达到宣传形象或产品的目的，积极通过微信平台与用户进行互动交流及传播产品信息的一种新型营销方式。微信营销不同于传统意义上的营销，它是一种创新和尝试，顺应了"互联网+"时代的发展要求。

微信营销的概念不断丰富和发展，从营销目的来看，它不仅仅是通过宣传产品吸引消费者购买，也包括企业形象的宣传和品牌的塑造或者对危机事件的处理。从营销主体来看，既包括企业，也涵盖了个人的营销行为，尤其以微店为代表，微信的便捷性以及支付功能使得微店成为一种可能。从营销手段来看，微信营销包含多种方式，营销主体可以通过公众号向用户推送相关信息，也可以借助大V的影响力在朋友圈转发扩散，或者借助微博、QQ等其他平台进行宣传推广。除此之外，还可以每天定时在朋友圈进行发送，借助好友的力量进行转发，甚至还可以在广告群里以附带红包的形式进行营销。微信营销可以通过文字、语音、图片、视频的方式进行，或者将几种方式相结合，每一种宣传方式都有各自的特点和优势，商家应选取适合的手段进行营销。

微信营销是以微信用户为依托，基于微信平台的零距离网络营销方式，摆脱了传统营销对时空的限制，它作为一种精准营销，节省了人力、物力等成本。互联网技术的发展及微信支付平台的完善定会使微信营销获得强劲的发展势头。

微信逐渐脱离"单一即时通信工具"的定义，它融合了电商、社交、媒体、游戏和通信，逐渐成长为有诸多功能的综合型App。

营销分析

招商银行微信查余额

当我们想要查询银行账户余额时，可以有多种方式，而当下最为方便省事的就是直接关注银行公众号登录账号进行查询。招商银行信用卡微信公众号率先落实这一功能，成为金融、电信行业广泛使用这一营销方式的典型案例。

招商银行微信信用卡中心在微信公众号上开发出了支持查询信用卡余额的功能，这一功能只需要用户绑定微信号和信用卡信息就能实现，非常方便实用。而为了推广这一功能，招行首先利用微信的漂流瓶功能发起了一个"爱心漂流瓶"的公益活动，用户捡到漂流瓶便可以在公众号兑换积分，为自闭症儿童提供帮助。这样简单有用的公益活动吸引了很多用户的参与，很快就获得了很多粉丝，借此推广了招行微信信用卡中心的公众号，并且借助公益善行提高了招行的品牌影响力和美誉度。更重要的是，通过公众号的互动让用户和粉丝们有机会直接体验招行微信银行的便利功能。

此外，招行还借助二维码扫描的方式来宣传这一新产品，打出"国内首家微信银行"的旗号，引起用户们的好奇和尝试，在线上进行二维码推广，任何持有招行信用卡的用户都有可能注意到，并出于好奇而扫码尝试，这也为其公众号带来了许多精准客户粉丝。

分析：

招商银行是如何借助微信公众号进行营销的？

二、微信营销运营

（一）个人微信号营销运营

1. 个人微信号营销设置

（1）取个好名字。一个好的名字，方便传播，可以让其更快地提升知名度。微信个人号的名字建议由产品或者服务加个人名称组成，不建议名称用英文名称，较难识别。此外，微信个人号的名字不要太复杂，建议用数字，或者简单的文字。

（2）选个合适的头像。合适的头像更能抓人眼球，可以从手机相册中选取比较真实、漂亮、有生活场景的照片。

配合名字的真人而且美观的照片也是不错的选择。

（3）合理设置签名。签名要体现企业或产品的品牌优势、核心竞争力以及能带给客户的好处。签名要简单直接，最好让人立刻就知道所营销推广的产品或服务是什么。切勿使用与主题无关，让人云里雾里的文艺签名。

（4）合理设置封面。封面设置可以是个人的职业装照片、企业品牌名称或标志、体现品牌或企业优势的图片、企业的核心广告语、企业的服务热线或地址、企业的活动现场、企业门面等。

2. 个人微信号营销推广的方法与技巧

（1）定期查看好友状态。做微信个人号营销时，如果在一个不相识的人的朋友圈里不断发送产品广告是非常不受欢迎的。因为，每个人打开微信时都不想看到广告信息。所以，运营此类账号的时候，一定要经常检查好友的情况，及时调整营销策略。

（2）控制发布信息的频率。微信个人号受众面积广，好友的数量自然比一般用户多。当过多发布广告信息的时候，可能会让人产生厌恶，从而把你删除，因此，一定要控制发布信息的频率。

（3）展示真实的自我。运营微信个人号的时候，要尽可能地给朋友展现自己最真实的一面。所写的文章最好是自己对生活的真实感悟，这样才能够让人感觉到亲切。在微信上要多分享一些自己的生活点滴、个人喜好，越真实越好。你的好友也会因此更加地了解你，并对你逐渐产生兴趣和信任，营销就变得简单了。

（4）多与好友互动。积极地和每一位好友沟通和互动，不管是评论还是留言都要做到不遗落，让好友感到他是被重视的。其次，加了好友之后，没有交流的朋友，不算是有价值的朋友，凡是愿意和你交流沟通的都有机会成为你的好朋友，都有机会与你合作，所以不要怠慢任何一个和你沟通交流的朋友。

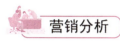 想一想

据统计，微信的用户数量已超过 12 亿，是全国用户规模最大的社交平台。那么如何让更多的用户主动参与微信营销呢？

（5）分享干货、展示专长。每个人都有自己专业的一面，通过微信打造个人品牌，打造粉丝圈，就要在某个方面有一定的特长或优点。比如说你懂 SEO，善于网站建设，擅长写软文等，最好定时与好友分享最新行业资讯和干货，一般关注你的人都是因为你的某个优点或专长而去关注你的。

营销分析

"糯米酒先生"如何月赚 5 万

"糯米酒先生"来自厦门，是一位酿造糯米酒的先生。他以前的微信公众账号名叫"客家土楼糯米酒"，在半年多的时间里，这位"糯米酒先生"已有近 22 500 名粉丝，每月有近 5 万元的销售额。糯米酒定价 60 元/斤①，多数客户一次性会购买 5~10 斤，因此，每单价格在 300~600 元不等。短短数月就取得如此佳绩，离不开他"高超"的微信营销技巧，下图是对糯米酒先生营销技巧的分析。

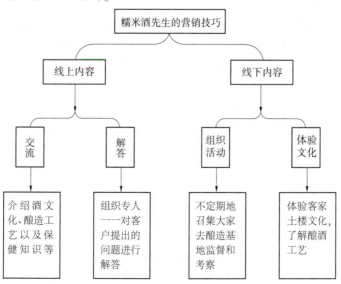

---

① 1 斤 = 500 克。

分析：

"糯米酒先生"的微信营销对我国传统工艺的宣传和推广有哪些积极的影响？

---

(6) 朋友圈发广告的技巧。在朋友圈发广告的常用技巧包括以下几个方面：

① 时段分析。一般分为三个时段。首先是 7：00—9：00，这个时候很多人刚起床，第一件事就是看微信；其次是 12：00—14：00，很多人中午休息的时候看微信；最后是 20：00—凌晨，这个时段，几乎所有人都在看微信。此外，吃晚饭、睡觉前都是微信用户活跃的高峰期。我们可以在这几个时段发些广告和好友多做互动。

② 广告形式多样性。广告内容不要太死板、单一，应尽可能多样化，具有可参与性、娱乐性等特点。

③ 活动营销。点赞送礼品、晒单有礼、建议有奖等，尽量让好友活动起来，让他们一起参与起来，形成互动。

④ 坚持。个人微信号营销刚开始一般都没有什么效果，但不能因此就放弃，要坚持下去，要注重积累。

(7) 在运营个人微信号时需要注意的问题：

① 信息太多。建议一小时内发布的信息不要超过两条，且最好是不同形式的信息。切勿刷屏，否则很容易被当成广告被删除。

② 只发广告。在微信上除了宣传产品外没有其他的微信内容，这是一个很大的忌讳，尤其是个人微信。应该生活和工作相结合，个人的和产品的都要兼顾。

③ 没有互动。从来不和微信上的好友互动，不评论人家的微信，只活在自己的世界里，这样也是一个大忌。

④ 内容空洞。一天要发布多款产品的微信号，往往没有时间和精力去用心编辑每条信息，内容就容易变得很空洞。要多花心思去编辑每天的微信，每天都有不同的花样，不同的形式，朋友们就不会觉得枯燥无味，甚至会认为你的微信很有意思，很有价值，可以从中学到很多东西。

（二）微信公众号运营

1. 明确目标

做微信公众号有两种：一是具有销售目的的公众号，一是具有品牌强化作用的公众号。前者需要实时向用户传递活动、优惠、促销等信息，因为，用户关注具有销售目的公众号就是想及时获得企业的折扣信息，用户已经认可了企业的产品，现在需要一个新的购买理由。后者则希望通过公众号树立企业良好形象，在帮助用户的同时传递企业的文化，在传递文化的同时优化用户体验，这样更能绑定用户的心。

> **素质提升小课堂**
>
> ## 你的目标是什么
>
> 白龙马随唐僧西天取经归来，名动天下，被誉为"天下第一名马"，众马美慕不已。于是很多想要成功的马都来找白龙马，询问为什么自己这样努力却一无所获。
>
> 白龙马说："其实我去取经时大家也没闲着，甚至比我还忙还累。我走一步，你也走一步，只不过我目标明确，十万八千里我走了个来回，而你们只是在熟悉的地方原地踏步。"众马愕然。
>
> 很多时候，我们不是无法实现自己的目标，而是不知道自己的目标是什么。没有明确的目标，再多的努力也只能换来原地踏步，徒劳无功。

2. 精准的内容定位

微信公众号的内容定位非常重要，必须精耕细作，无价值的内容、纯粹的广告推送，往往会引起用户的普遍反感。所以，微信公众号在定位的时候一定要注意以下几点：

第一，自身定位、市场导向、用户喜好等要素决定了平台的推送内容，要注意平衡，同时兼顾。

第二，谨慎跨领域发展。选取内容时一定要认真用心，按照自身定位选取合适的内容，尽量不发与自身定位无关的话题。

第三，多原创，少转发。微信公众号运营的重点在于沟通，也就是无限拉近与用户的距离，如果一直转发其他平台的内容，文章千篇一律，迟早会被淘汰。

3. 完成认证

很多实践者忽略了一点，微信公众号一定要尽早、及时认证。微信认证的门槛相对较低，只需要有 500 名订阅用户绑定个人或者企业的认证微博即可。认证后的最大益处就是直接在微信的"添加朋友"搜索框内输入公众号名称即可被搜到并关注，而且还支持模糊查找，为后续的推广起到了很多的积极作用。

4. 要做好内容的推送

微信公众号的后台可以获取订阅用户的全部信息，并提供了订阅用户分组功能，可以按地域、性别、喜好、需求等不同的指标分组。这为推送信息的分组精准推送提供了实现渠道。

微信公众号在群发消息时，可以选择性别、分组、用户所在地区等属性，或者根据消息的类型和地域进行有选择的定向投放，将消息发送给某一类用户。分组推送的实现，能够避免用户的信息过载，让媒体的各类信息资源发挥相应的最大价值。

5. 搭建自定义回复接口

自定义回复接口的功能非常强大，通过自定义回复接口，一些微信公众号可以实现查询周边路况、查询违章，更重要的是可以在微信内生成微言贺卡，可以当微信"电子狗"，并且还会实现微信导航。

因此,在策划设计微信公众号的时候,应该充分规划和设计其应用功能,以此来吸引用户关注。

海底捞玩转微信公众平台

民以食为天,在我国,食品行业是一个传统而且生命力持久的白金产业。但在激烈的竞争中,许多餐饮企业在市场上都如昙花一现,发展失败的原因之一就是经营管理不利,市场营销工作是另一个不容忽视的因素。在这个快速升级的社会中,营销模式也在不断变化。为了跟上时代发展的趋势,需要不断使用新的营销方式,增强企业的竞争力。

海底捞全称"四川海底捞餐饮股份有限公司",很显然以川味火锅闻名。作为国内餐饮连锁店中最有口碑的一家,海底捞很早就采用了O2O营销模式。通过微博和评论网站,海底捞迅速聚集了大批粉丝。海底捞一直注重加强对客户关系的管理,2014年1月海底捞的微信公众号正式推出,开始通过补贴每一位消费者和相应的服务员,来促进微信线下支付,粉丝因此快速增加。

海底捞的顾客在买单时排队需要很长时间,微信支付让结账变快,减少了排队时间,也减少了现金管理风险。从2015年1月到3月,海底捞的微信订单增加到31 491单,占线上订单的63%。使用微信支付的有3 446单,占线上支付的60%。

海底捞的微信营销系统需要粉丝关注,拥有用户阅读量,然后才能提供丰富的平台内容、微信支付功能,进行微信营销活动。关注了海底捞,我们的手机就会弹出消息,询问是否使用我们的实时位置,此功能会专门针对地区消费者发信息,提供更为个性化的服务。微信公众号平台主要包括发现、吃和玩三个部分,以及给粉丝发送的信息,大约一周一次,频率不高,有助于维持新鲜感。2014年1月海底捞微信公众号推出在线微支付,扫描二维码支付让支付过程变得简单,且多数情况微信支付可以得到10元的折扣。

海底捞为我们提供了几个成功的微信活动案例:"品尝海底捞火锅"系列活动和海底捞调味品"让红包飞"活动。前者在线上线下同步进行,关注海底捞可获得一份礼物,关注并回复"1",然后将活动分享到朋友圈。这个活动从2013年9月30日到10月2日在北京、天津、西安、上海、郑州和南京进行。在活动现场,超过10万人品尝了火锅,1万多人参加了互动,是海底捞最大的宣传活动。后者将海底捞调味品与新年挂钩,为用户提供了丰厚的礼包,也是很不错的营销活动。

分析:

海底捞是怎样玩转微信公共平台的?

6. 策划互动活动

在公众号的运营中，与粉丝的互动是增加关注以及提高用户黏度的一个很重要的方法。策划微信公众号互动活动需要注意以下几点：

（1）活动规划前需要了解微信订阅用户的属性，进行市场调研后策划并进行全方位预热推广，包括在微信线下广告、官网等多方面都应大力宣传本次微信活动的情况。

（2）活动运营期间需要有专门的客服在后台记录和解答问题，引导用户积极参与活动，并通过自定义回复接口不断推送活动参与说明，利于关注的用户快速参与。

（3）通过设置多种奖品来刺激参与者，并且在推广渠道不断宣传来刺激参与度。奖品方面不仅可设置单次的大奖，还可以设置多个参与奖，来调动用户的积极性。

（4）由于微信的互动是隐秘的，所以，特别适合设置和企业品牌有关的问题来进行有奖答题，首个回答正确的用户就可以获得奖励。当然也可以设置只要答对就可以得到积分，通过后期统计的总积分来获得奖励。

（5）要注意互动的便利性，尽量让用户采用选择的方式来参与，可以设置多个问题的总积分模式，用户只需要输入简单的数字或者英文字母即可参加，从而大大提升活跃度。

（6）抓住节日时效性打造营销热潮，活动的策划建议多采用和节日或热门事件结合的方式。

职场小贴士

微信公众号常见的活动

微信公众号常见的活动如下：

（1）留言回复有礼。一般是根据当下热点、近期活动、节日庆典等，准备一个话题，让用户在活动时间内到图文的留言区进行回复，进而随机筛选或者按照点赞数等规则选取中奖用户。还有一种方式，直接要求指定内容的留言，随机抽选中奖用户，以最简单的方式测试有多少用户愿意参与互动。另外，还可以征集报名类的留言，留言本身还与其他的活动挂钩，通过留言回复获取其他活动的参与资格。

（2）晒照有礼。一种方式是设定方向，比如，亲子照、全家福、婚纱照、造型照、风景照、美食照、萌宠照等不同主题的照片；或者其他趣味性的照片类型，如做过的最怪表情照、收到的最哭笑不得的礼物照等。然后，让用户将照片发至公众号后台，进而按活动规则抽选中奖用户。另外一种方式是促进分享、促进交易的晒照活动，比如，将某个指定图片、指定文章分享到指定的朋友圈、微信群或者其他平台，进而截取相应的图片；或者拍摄购买的物品、购物小票等，发至公众号后台，运营者收到后再进行选取与奖励。

（3）红包抽奖。如果说公众号里最受欢迎的礼品是什么，用户一定会说："实在点，来个红包吧！"公众号的运营中，发红包活动也很常见。可以设置关注抽奖或者线下扫码抽奖，有机会获得现金红包或者实物礼品。比如，"八城平台"的大转盘抽奖功能，可以设置抽现金红包，也可以设置商城代金券、礼品兑换券和话费充值码等多种方式。

（4）游戏互动有奖。现在不少平台都提供免费的互动游戏接口，这些小游戏通常与一些流行过的单机版游戏类似，比如，连连看、消消乐、切水果、跑酷、摇钱树甚至斗地主、打麻将等，用户可以通过游戏比赛，既获得娱乐的快乐，同时又赢取奖励。推荐免费平台：凡科、易速推、微喵等。

（5）病毒式 H5 互动。不是每个活动都需要有奖励才能够有参与度。现在很多病毒式 H5 活动形式也可以参考。曾经风靡一时的病毒式 H5 包括以下几种形式：

生成器型：用户在 H5 页面上输入指定信息，即可以生成趣味的工资单、证件、微信对话、照片、海报、匿名评论等，通过好玩、有趣或有价值的内容促进病毒式传播。

测试型：比如，回答指定的问题进行智商测试、情商测试、专业度测试等；或者对你的照片、你与家人的照片、你与爱人的照片进行水平打分、契合度打分、相似度打分；又或者是你设置好问题让你的朋友回答，测试了解度、真情度、信赖度，等等。

（6）投票评比活动，据说这是朋友圈、微信群中最让人烦恼的一种活动形式，偏偏又是最有效的形式之一。活动形式一般是比赛制，通过设立大奖，吸引用户进行报名，然后进行微信公众号内拉票，根据最终票数或者报名内容等决定中奖者。在公众号中最常见的投票活动一般是萌宠比赛、孩子作品比赛、员工工作评比，等等。有利益驱使，有人情作保，有虚荣心作为支撑，只要利用好了这些要素，基本上活动效果都会不错。

（7）有奖调研/问答活动。调研对于公众平台是有效的采集信息的形式，而借助问答这种形式能够引发用户对平台、对产品品牌的思考和认同。活动形式一般是根据需求，设置好调研问卷或问答题目，用户参与并填写信息即可获得指定奖励。

（8）征文征稿活动。活动形式一般是设定征文征稿的方向，比如，征集梦想清单、征集节日主题的文章，或者诗歌、散文，又或者征集公众平台的宣传口号，让用户进行创作，用户创作的内容，可以在微信公众平台进行推广和发布，同时，优秀作品给予奖励。

（9）用户访谈活动。不要以为你的用户都只是聆听的对象，有时候也可以举办一些活动，让自己成为聆听者。活动形式一般是先策划主题方向，进而邀请用户报名，一对一进行沟通访谈。聆听用户的故事，并将用户的故事撰写成文或设计成图，让其成为你的运营素材，当然对于参与访谈的用户，要给予一定的奖励。

任务三　社群营销

社群营销是一种低成本高收益的营销方式，为各大公司所追捧。

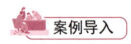

良品铺子社群营销

据网络上的数据显示，良品铺子近几年的数据真的很亮眼。官方微博，粉丝达 876 万，官方微信公众号粉丝达千万且活跃用户数在 120 万左右；于 2017 年上线自己品牌的官方

App，截至目前装机数达 400 万次，线上线下会员数达 3 700 万，其中，年轻女性达 80%且复购率超 30%，会员大部分来自线下支付渠道。近几年，因果农困于销路不畅，好水果烂在地里的例子不少见。

良品铺子在 2022 年"6·18"前夕，启动了一项公益行动——利用社群营销的渠道，帮助枣阳的桃农拉动销售，巧妙地打响了"6·18"这一战。

良品铺子将卖桃子的促销链接发到群里，不少潜水的顾客纷纷咨询，群里变得非常活跃。借助这股热度，良品铺子顺势介绍了自己"6·18"的各种优惠活动。

通过社群营销，良品铺子"6·18"首战告捷。最终在整个"6·18"期间，2 100 家智慧门店达成的订单量突破 100 万笔，成为天猫"6·18"首个线下"百万订单"品牌。

【案例分析】

要影响一个人的购买决策，最好的方式不是冲上去推销，而是通过影响他的 2~3 位好友来影响他。在人人都是低头族的今天，手机成为肌体的延伸，人来人往，群起群灭，建立一个社群，影响其他人，加入一个社群，被其他人影响，人人被席卷，概莫能外。认识社群就是认识市场。案例中的良品铺子在粉丝中寻找搭建一批认可并支持自己的传播买手，实现粉丝间的自发传播，把自己认可的产品推荐给周围的朋友，为其微信号引流和传播，这是良品铺子社群营销规划中的重要部分，由此，开始了买手制粉丝裂变活动。

一、认识社群营销

（一）社群营销的概念

社群营销是指基于相同或相似的兴趣爱好，通过某种载体聚集人气，营销商品或服务的营销模式。社群营销的载体不局限于微信，各种传播平台都可以做社群营销，如论坛、微博、QQ 群以及线下的社区等。

营销者通过微信等平台聚集特征相似的目标用户，为目标用户打造长期沟通的渠道，不仅能够满足不同层次目标用户的消费需求，还可以通过社群口碑将品牌和商品推广出去，从而扩大营销优势。开展社群营销，一方面要维持社群的活跃度与和谐度，另一方面要用社群成员能够接受的方式传递营销信息。

（二）社群营销的特点

1. 多向互动

社群营销是群内成员的多向互动式交流模式。这种营销方式下，社群内的成员既可以自己发布信息，也可以传播分享信息。无形之间为企业创造了很多机会。

2. 弱化中心

社群营销是一种网状型结构，每个人都有话语权，每个人都是传播的主体，是一个弱化中心的过程，但这并不代表没有中心。社群的建立者和组织者，是社群中的中心。

3. 情感营销

社群情感营销是指社群内能够给人们传递有价值、趣味的情感，促使群内人员受到感染，进而不断地增加群内成员，以达到社群营销的目的。

4. 自行运转

社群营销很大的特点就是社群成员可以自主创造分享信息，从而实现社群营销的自行运转。这样可以使企业的成本得到大幅降低。

5. 利益替换

社群营销的这种形态要想长期得到生存发展，就必然要使每一个群内的成员产生价值，为社群做贡献。具体的方法可以是把不能产生价值的人替换掉，既增强了群内的活力，也保证了社群的完整。

6. 范围较小

社群营销是在小范围内的一种活动，所以也可以称为范围经济。它通过小众化的社群自生长、自消化、自复制能力来实现运转，并以社群每个人员的思想、话语权作为永动机牵引整个社群的发展方向及社群营销的效果。

7. 碎片化

因为社群具有多样性的特点，所以社群在产品设计、内容、服务上呈现碎片化的趋势。虽然碎片化会使社群缺乏统一性，为社群营销带来很多的不确定因素，但只要合理利用，社群营销的价值就能够得到最大化的展现。

（三）社群营销优势

1. 与传统的营销方式相比，社群营销成本更低

传统的营销方式广告费用高昂，广告针对的客户群体还不聚焦，浪费严重。而社群营销可以说是零成本，几乎人人都可以做。而且在社群中，每一个群员既是购买者，也是传播者。只要企业的产品过硬，运营得当，社群裂变所产生的营销效果巨大。

2. 社群营销用户精准

社群营销是基于圈子、人脉而产生的营销模式。社群是指有稳定的群体结构和较一致的群体意识；成员有一致的行为规范、持续的互动关系；成员间分工协作，具有一致行动的能力而聚集在一起的一个圈子。也就是说，你的社群里面聚集的都是有着共同需求的用户，也就是微商行业经常所说的精准粉丝。

在当今社会，人们的消费是分圈层的，相同圈层的人是可以玩到一起的，他们可以买相同品牌、价位的产品，但是不同圈层的人就很难玩到一起了。大家在购买产品时不再是基于功能性的消费，而是在某个场景下的消费。社群营销的产品就是为某一类人设计的，他们有共同的兴趣爱好、行动目的，甚至是思维方式都高度一致。

3. 可以通过社交工具高效率地传播

著名的六度空间理论认为，你和任何一个陌生人之间所间隔的人不会超过六个，也就是说，最多通过五个中间人你就能够认识一个陌生人。而在互联网时代，六度空间理论实现的可能性更大了。社群的本质是链接，由手机端和电脑端构建的新媒体环境彻底突破了空间和时间的限制，将人与人之间联系在了一起，而且这种联系通常是一种基于熟人的联系。出于对于熟人的相对了解，在咨询信息购买产品等方面也更为信任。如果能获得一个用户的信任，那么，熟人传播的力量往往会超乎你的想象。

4. 通过社群可以更好地将用户粉丝沉淀下来

在传统的生意模式下，产品卖了以后，卖家和买家之间就没有任何关系了，除非买家想

退货，或者有质量问题，买家才会找到卖家。但采用社群营销，把用过产品的人的联系方式都沉淀到微信群里或其他的社交工具中，当你推出新的产品时，这些客户都有可能购买。

二、社群营销运营

（一）定期开展话题讨论

社群营销不等于建立一个群，然后每天在群里发布各种广告，这种社群缺乏核心价值，对社群成员的吸引力较弱，很容易引起社群成员的反感。社群刚开始建立时，首先应做的不是推销和卖货，而是提供价值，即提供能满足社群成员需要的东西，包括知识经验、解决办法、商品等。好的社群应该是一个有机体，应尽可能给予更多社群成员参与感，调动社群成员的积极性。定期开展话题讨论便是很好的提供价值、调动社群成员积极性的方式。

为了让社群成员对商品和品牌等有更深入的认识，营销者可以定期策划一些与商品、品牌等相关的话题讨论活动，然后在话题讨论中适时地植入商品广告。例如，在一场关于某手机功能评测的话题讨论中，营销者以社群成员的身份发言："今天测评了 X6 和 C6，发现 X6 的相机功能非常强大，支持人像定制妆容功能，不仅可以在拍照时开启，还可以在视频拍摄中实时定妆；C6 则拥有十分出色的成像质量，无论是在黑暗还是明亮的环境下，均能带来清晰、细节丰富且能够还原肉眼所见的成像质量。这两款手机非常值得购买！"

话题确定后选择一个大部分社群成员都能参与的讨论时间，然后通过群公告、@全体社群成员的方式进行通知，确保更多社群成员了解并参与讨论活动。每次开展讨论前，营销者都需要提前制订好规则，并安排好话题组织者、主持人、控场人员等。在讨论过程中，偏离交流主题或者无意义刷屏时，控场人员应该及时控制场面，将话题拉回主题，并对捣乱的社群成员予以警告。讨论结束后，营销者可以设计福利环节，为表现出彩的社群成员赠送福利，刺激更多社群成员参与下一次话题讨论。

（二）提供群专属福利

提供群专属福利是提升社群成员黏性的有效方式。群专属福利主要包括物质福利和虚拟福利。

1. 物质福利

物质福利主要是购物福利，如优惠券、赠品、特殊权益等。社群发展到一定阶段，社群成员比较稳定，且对社群已经形成一定黏性时，就可以在群里适度发布商品营销信息。例如，定时在群里发布上货消息或者打折消息，并配上购买链接，但要让社群成员享受到一定的专属福利，这样才能激起社群成员的购买热情。

2. 虚拟福利

虚拟福利主要用于激励表现突出的社群成员，如多次下单、多次参与群讨论等的成员。例如，某社群实行积分制，下单一次积 5 分，参与群讨论积 2 分等，积分累积到 20 分时，就可以领取 20 元无门槛优惠券。虚拟福利不同于物质福利，虚拟福利需要积累到一定程度后才能兑换。营销者通过发放虚拟福利，可以让社群成员长期关注社群，提升社群成员购买或参与社群活动的积极性。

（三）举办线上分享活动

当社群形成一定规模时，营销者可以邀请一些专家、名人、达人在群里分享与商品或品牌等相关的知识，并植入相关的营销信息。例如，通过冠名等方式开设网络直播课程，在分享有用知识的同时植入商品或品牌方面的营销信息。

在举办线上分享活动前，营销者可以通过各种渠道进行宣传，吸引新的成员加入。在分享过程中，主持人首先要介绍分享内容、分享嘉宾等，为分享活动暖场、营造良好的氛围，引导社群成员提前做好倾听准备，然后充分调动社群成员的积极性，让社群成员参与互动，必要时可以提前安排活跃气氛的社群成员，避免冷场。在分享活动期间或分享活动结束后，营销者有必要对分享活动进行总结，将比较有价值的交流内容整理出来进行分享和传播，并引导社群成员在微博、微信朋友圈等宣传分享信息，扩大微信社群的影响力。

（四）围绕灵魂人物进行营销

灵魂人物是指社群中占据主导地位的人，是整个社群的核心，一般为具有人格魅力、专业技能、出众能力的人，能够吸引用户加入社群，对社群的定位、发展、成长等拥有长远的考虑，如某短视频领域的达人、某行业的知名讲师等。

以灵魂人物为主体进行的社群营销，就是利用灵魂人物在某一领域的影响力，吸引感兴趣的用户加入社群，同时，通过灵魂人物的号召力来推销商品或品牌。一般来说，社群成员对社群灵魂人物都比较信任，因此，由社群灵魂人物来推荐商品或品牌会减少社群成员在商品品质、售后方面的顾虑，一般能起到非常好的营销效果。例如，某直播达人以耿直、豪爽的人格魅力获得了大量关注，建立自己的社群后，该直播达人凭借着自己在微信社群中的号召力向社群成员推荐了很多物美价廉的商品，取得了不错的营销效果，并进一步提升了自己的口碑，为后续的社群营销打下了坚实的基础。围绕灵魂人物进行营销的营销方式对灵魂人物的要求较高，且应具有独特的人格魅力和一定的网络影响力，最好能具备某种特长，如善于交流、有较高情商等。

需要注意的是，不管怎样管理和维护，大多数社群都有一个生命周期。当社群沉寂时，营销者不要再过度投入、执着地维持关系。

营销分析

"罗辑思维"的社群营销

"罗辑思维"是一个有影响力的互联网社群。最早，"罗辑思维"是一档由资深媒体人罗振宇和李天田联手制作的知识分享类脱口秀节目，主要内容是罗振宇分享个人的读书收获，涵盖了历史、文化、科技、经济、社会热点等，通过优质的内容启发观众独立、理性思考。经过多年的运营，凭借罗振宇本人的魅力及优质的节目内容，该节目吸引了一大批活跃在互联网上的、喜爱读书的"80后""90后"粉丝。凭借着庞大的粉丝基础，"罗辑思维"社群诞生了。

罗振宇曾担任《商务电视》《经济与法》《对话》等栏目的制片人，深谙说话之道，不仅学识渊博，还非常亲切憨厚，被粉丝亲切地称为"罗胖"。罗振宇的个人魅力让很多粉丝都较容易接受其推荐，以粉丝对罗振宇本人的信任为基础，"罗辑思维"展开了一系列的社群营销，推荐了很多图书和知识付费产品，都取得了很好的销售成绩。短短几年间，"罗辑思维"逐渐发展成为拥有脱口秀视频音频、微信订阅号、百度贴吧、微商城、会员体系、得到App的一个庞大知识社群。其中，"罗辑思维"的微商城是社群的重点营销平台，经营纸质书、电子读物、罗辑思维课程等，售卖的不仅是图书或知识产品，更是求知的情怀；得到App是一款知识付费软件，主要通过优质的内容提高社群成员黏性，营造浓郁的的知识氛围。2020年5月，罗振宇宣布得到App用户人数已达3 800多万。

分析：

(1) 罗振宇的个人魅力对社群营销有何意义？

(2) "罗辑思维"的社群营销为什么会成功？

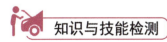

知识与技能检测

【同步测试】

一、单项选择题

1. （　　）是指通过微博平台为商家、个人等创造价值的一种营销方式，也是指商家或个人通过微博平台发现并满足用户的各类需求的商业行为方式。

　　A. 微博营销　　　B. 博客营销　　　C. 微信营销　　　D. 社群营销

2. 微博营销的策略不包括（　　）。

　　A. 建立微博矩阵　　　　　　　　B. 创意策划病毒式传播
　　C. 开展微博活动　　　　　　　　D. 围绕灵魂人物进行营销

3. 微信营销是企业为了达到宣传企业形象或产品的目的，积极通过（　　）与用户进行互动交流及传播产品信息的一种新型营销方式。

  A. 微博平台 B. 微信平台 C. QQ平台 D. 社群运营

  4. （　　）是企业的专业办公管理工具，提供丰富免费的办公应用，并与微信消息、小程序、微信支付等互通，助力企业高效办公和管理。

  A. 服务号 B. 订阅号 C. 企业微信 D. 朋友圈

  5. 社群营销的特点不包括（　　）。

  A. 多向互动 B. 强化中心 C. 情感营销 D. 利益替换

二、多项选择题

  1. 微博营销以微博作为营销平台，每一个粉丝都是潜在的营销对象，企业利用更新自己的微博内容来向网友（　　）。

  A. 传播企业信息 B. 传播产品信息

  C. 树立良好的企业形象 D. 树立良好的产品形象

  2. 微博信息支持各种平台，包括（　　），传播的方式多样，转发非常方便。

  A. 手机 B. Pad C. 电视 D. 电脑

  3. 当前的微信公众平台主要分为（　　）。

  A. 服务号 B. 订阅号 C. 企业微信 D. 小程序

  4. 个人微信号营销忌讳（　　）。

  A. 信息太多 B. 只发广告 C. 注重互动 D. 内容空洞

  5. 开展社群营销运营要注重以下几个方面（　　）。

  A. 定期开展话题讨论 B. 提供群专属福利

  C. 举办线上分享活动 D. 围绕灵魂人物进行营销

三、判断题

  1. 微博被叫作"一句话博客"，每条微博不超过200个字。（　　）

  2. 企业品牌的微博本身就可以将自己拟人化，更具亲和力。（　　）

  3. 小程序是一种不需要下载安装即可使用的应用，它实现了应用"触手可及"的梦想，用户扫一扫或者搜一下即可打开应用。（　　）

  4. 微信公众号的内容定位非常重要，必须精耕细作，无价值的内容、纯粹的广告推送，不会引起用户的反感。（　　）

  5. 社群营销是基于圈子、人脉而产生的营销的模式。（　　）

四、问答题

  1. 微博营销的特点有哪些？

2. 微博营销的技巧有哪些?

3. 策划微信公众号互动活动需要注意哪些方面?

4. 个人微信号营销推广的方法与技巧有哪些?

5. 与传统的营销方式相比,社群营销的优势有哪些?

【综合实训】

农产品微博营销

[实训目的]

1. 了解微博的基本功能。
2. 掌握微博营销的方法和技巧。
3. 深入研究微博品牌建立营销过程,设计并实施个人微博品牌营销。

[实训要求]

1. 确定微博营销的农产品。
2. 分析不同领域的微博账号,总结不同微博类型的特点及营销技巧。
3. 结合上述微博营销技巧,根据所要推广的农产品设计微博营销思路。
4. 在2~3个月时间内执行上述微博营销方案。
5. 参与3次热点话题讨论。

[实训步骤]

1. 根据教学班级人数确定学习小组(5~8组为宜),每组6~8人。
2. 小组讨论选出组长,并分工进行微博资料收集。
3. 以小组为单位对本组所要推广的农产品设计微博营销思路,形成小组的微博营销方案,并制作PPT进行汇报。
4. 同学互评和教师点评,然后综合评定本次各小组及成员的实训成绩。

[实训考核]

1. 实训准备工作。(10分)
2. 各组在本次实训的组织、分配、管理等过程中的表现。(20分)
3. 各组提交的实训报告的质量和汇报PPT的演示效果。(50分)
4. 学习小组的团队合作精神。(10分)
5. 同学互评,教师点评。(10分)

项目总结

通过对本项目的学习，我的总结如下：

一、主要知识

1.

2.

3.

4.

二、主要技能

1.

2.

3.

4.

三、成果检验

1. 完成任务的意义有：

2. 学到的知识和技能有：

3. 自悟到的知识和技能有：

4. 你对社会化媒体营销趋势发展的判断是：

参 考 文 献

[1] 杨丽佳. 市场营销基础［M］. 2版. 北京：高等教育出版社，2020.

[2] 王子亮，杨丽佳. 市场营销案例与实训［M］. 3版. 北京：高等教育出版社，2023.

[3] 孙琳，孙志平，杨晓丽. 市场营销实务与案例分析［M］. 北京：人民邮电出版社，2023.

[4] 惠亚爱. 消费者行为分析［M］. 北京：人民邮电出版社，2022.

[5] 江林，丁瑛. 消费者心理与行为［M］. 6版. 北京：中国人民大学出版社，2018.

[6] 王建华. 沟通技能训练［M］. 北京：人民教育出版社，2015.

[7] 徐飚. 职场礼仪与沟通训练［M］. 北京：人民教育出版社，2015.

[8] 田月，杨剑平. 商务礼仪与沟通技巧［M］. 上海：同济大学出版社，2019.

[9] 黄燕，刘建珍，胡丽娟. 网络营销与策划［M］. 上海：同济大学出版社，2020.

[10] 刘春霞. 网络营销与推广［M］. 上海：同济大学出版社，2018.

[11] 温文娟，万信琼. 直播营销与案例分析［M］. 北京：人民邮电出版社，2022.